LO QUE REVELAN TUS SUEÑOS

VICTORIA BRAOJOS

www.loquerevelantussuenos.guiaburros.es

EDITATUM

Diseño de cubierta: © LOOKING4

Maquetación de interior: © EDITATUM

Primera edición: Abril de 2019

ISBN: 978-84-17681-23-4

Depósito legal: M-17991-2019

IMPRESO EN ESPAÑA/ PRINTED IN SPAIN

Agradecimientos

A la vida, que me ha dado tanto y tanto me ha quitado, pero que siempre me ha dejado seguir soñando.

Sobre la autora

Victoria Braojos Nieves "Ayala" es directora, fundadora y profesora de la Escuela Esotérica Europea la Orden de Ayala. Lleva más de 20 años investigando, estudiando y practicando en diferentes países temas relacionados con el el esoterismo. Especializada en magia ritual, tarot y simbolismo, es autora de tres libros relacionados con la magia ceremonial, el tarot y los oráculos adivinatorios. Todo su trabajo y trayectoria la han convertido en un referente en estos temas dando conferencias por todo el mundo.

Presidenta de la "Asociación esotérica de las ciencias ocultas y espirituales española" y directora del museo de la Baraja y Tarot. Es fundadora del Congreso Internacional de Baraja y Tarot y del Congreso Internacional Esotérico de las Ciencias Ocultas.

Es directora de producción de Laboratorios Rituals s.l (Holy Rituals) dedicada a la fabricación y distribución de productos alquímicos y esotéricos.

Colaboradora habitual en diversos medios de comunicación nacionales e internacionales como TVE, Telecinco, Antena 3, Telemadrid, la Cuatro, la Sexta, Cadena Ser, Diario el Mundo, ABC, el País etc.

Actualmente dirige y produce el programa "Ventana al más Allá" y es la presentadora y directora del programa de radio internacional de Radio Líder Bajío México "El Tarot y sus aliados".

Índice

Prólogo

La mejor buscadora de sueños esta dentro de la autora, Victoria.

Porque ella, con el conocimiento mágico de los antiguos alquimistas, consigue que comprendamos que las vivencias, sensaciones y emociones de cada uno, que quedan registradas en nuestros sueños, nos hacen los auténticos y únicos protagonistas de nuestra propia película.

Victoria nos ayuda a redescubrir las pasiones vividas y a descubrir las que aun deseamos vivir. Esas pasiones que rigen el pulso de toda nuestra existencia y encienden la llama del fuego que llevamos dentro, activando la chispa mágica.

Después de leer este libro, nos daremos cuenta que, al vivir conscientemente nuestros sueños, lo que hemos vivido oníricamente se convierte en realidad, cambiando así el curso de nuestra vida para siempre.

El gran error del ser humano es dejar transcurrir su vida sin tener conocimiento de lo que realmente desea y quiere para sí mismo, dejando que los demás decidan por él y acomodándose a la idea de que su destino quizás esté escrito.

Y es en este aspecto del hombre, que se deja llevar por el devenir de los días, y entierra en sus sueños sus verdadera esencia, es donde entra en juego el contenido de este libro.

Victoria nos da a conocer cómo los sueños nos ayudan a forjar de una manera personal nuestro propio destino, dejando de lado aquél que nos quieran marcan los demás.

Por ello, estaría bien añadir que este manual, fabricado con pedacitos de los buenos que tenemos todos, nos muestra la varita mágica que guardamos bajo nuestra almohada y que, bien agitada, nos ayudará a conciliar estas dos vidas que conviven en nosotros, desvelándonos realmente quiénes somos, que buscamos y que es lo que preferimos.

Pero hemos de saber que esta varita mágica solo podemos activarla nosotros mismos, protagonistas, como hemos dicho, de la increíble y maravillosa obra teatral de nuestra propia vida.

Sigmund Freud decía que los sueños son una expresión de nuestros deseos. Victoria es la maga que nos hace comprender que los deseos se pueden hacer realidad y, a su vez, nos pone un espejo delante que deja ver el autentico mago que cada uno llevamos dentro.

En estas páginas nos enseña el camino para conseguirlo y deshacernos del miedo al autoanálisis que nos permite descubrir que nosotros también podemos ser felices.

¡No te tengas miedo a ti mismo, no temas descubrir la verdad! Solo así pasarás de crisálida a mariposa, descubriendo ese ser único y maravilloso que eres.

Leamos y paladeemos estas páginas mientras soñamos, aunque estemos despiertos.

Atravesemos el límite de la consciencia para llegar más allá de nuestros propios secretos.

Porque con este manual podemos hacerlo. Victoria pone a nuestra disposición una serie de herramientas sencillas, pero fundamentales y poco conocidas, para que podamos obtener nuestras propias respuestas a través de un buen análisis onírico que podrá dar solución no solo a nuestros problemas de hoy, sino también a los que nos depare el mañana.

En definitiva, esta obra representa un imán que se adhiere a nuestra piel y nos ayuda a conocer todo lo que de maravilloso hay dentro de nosotros y aún no hemos descubierto.

Blanca Marsillach del Río

Actriz y productora

"Que la vida es un sueño, lo afirmó nuestro Calderón de la Barca, y que el sueño es la poética imagen de la muerte, lo demostró Shakespeare. Que los poetas no se equivocan, lo confirmo yo. Mi historia, única en todos respectos, es la de un hombre que por el sueño está acaso en ruta hacia la muerte. Claro está que aún me resta una esperanza. La de que cuanto voy a escribir no sea cierto, la de que los sueños que voy a referir no sean más que eso... sueños; y que incluso lo que estoy haciendo ahora sea otro sueño. A no ser así, acaso no viva lo bastante para terminar de contar mi historia. El Sueño que me ha hecho ser el enamorado más feliz pudiera ser el río por donde vaya a desembocar a la muerte".

Los buscadores de sueños

Félix Martí Ibáñez

Presentación

Una de las primeras cosas de la que es consciente el ser humano es que sueña. Actualmente se sabe que desde que somos fetos ya soñamos, y lo hacemos cada día de nuestra vida. Pero los grandes enigmas son: ¿por qué soñamos?, ¿para qué?, ¿qué nos quieren transmitir los sueños?

Quizá una de las primeras cosas que consideró el hombre es que los sueños eran una especie de revelación sobre su futuro e intentó darles explicación. De hecho, en la antigüedad se creía que los dioses mantenían un contacto directo con el hombre a través de los sueños y que mediante estos le revelaban como actuar, le transmitían qué esperaban de ellos, incluso lo que les acontecería en su futuro, etc.

Posiblemente la interpretación de los sueños sea el método de adivinación más antiguo que existe, un oráculo siempre dispuesto para nosotros. Además, según mi teoría, todos los demás métodos adivinatorios que se conocen hasta hoy proceden de los sueños, son una expresión simplificada de las historias que el hombre vive mientras duerme, un reflejo inequívoco de nuestras imágenes oníricas.

Antes de que el ser humano plasmara en algo físico aquello que quería expresar a los demás, a él mismo o al mundo entero, primero lo tuvo en su mente, lo soñó. Después lo talló o dibujó en piedra, piel, papel, cartón... Incluso vio esos mismos símbolos en la mano, en los posos del té, el café, el agua, en el cielo... Según sus vivencias, les dio un significado u otro. Inventó métodos para tener una herramienta que le guiara en su camino y fueran un puente que conectara el mundo material con el mundo espiritual, donde la combinación de ciertas imágenes le anunciarían su futuro.

Los recuerdos y experiencias que cada sueño le evocaban guiaban sus pasos. Aprendió y sigue en el camino del aprendizaje sobre lo que quieren transmitirle cada una de las historias que vive mientras duerme.

El diccionario de sueños que acompaña este libro es el fruto de las interpretaciones clásicas de los símbolos, imágenes y arquetipos más populares, muy influenciados claramente por las creencias religiosas, mitológicas, sociales etc., pero adaptado a nuestros tiempos. Esto era necesario, ya que está claro que los sueños del ser humano actual distan mucho de lo que soñaba en la antigüedad.

La interpretación general que damos a esas imágenes simbólicas y arquetipos cuando aparecen en los sueños es prácticamente común para otros métodos adivinatorios como el tarot, la quiromancia, la cafeomancia, la ceromancia, la lectura del tabaco, el oráculo de Lenormand, etc. Esto no quiere decir que esta interpretación siempre sea la correcta, ya que aunque haya un significado general para todos, ese símbolo, según haya aparecido en nuestra vida, el rastro que nos haya dejado y las vivencias que hayamos tenido en torno al mismo, puede variar el significado particular, y esto es algo fundamental: cuando analices tu sueño, debes adaptarlo a ti.

En estas imágenes podemos ver como un símbolo popular como la cruz, se interpreta en diferentes métodos usados para la adivinación. Además, en todos ellos el significado que se le da es común. Por lo general suelen ser presagios en los que indica un sacrificio antes de poder conseguir los objetivos deseados; también acontecimientos negativos o conflictivos que hay que superar. Cosa lógica, pensando que el significado de este símbolo sería paralelo a lo que representaría la cruz cristiana: el sacrificio de Jesucristo para salvar a la humanidad.

Más adelante veremos cómo el significado que se le da a los símbolos viene designado por lo que para el hombre ha representado en su vida; en este caso la cruz como instrumento de tortura, que implica dolor. La sensación que tiene el hombre como un acto inconsciente que se le revela en el consciente al ver este símbolo, sea donde sea, es automáticamente la de sufrimiento. Está implícito en el inconsciente colectivo del que hablaremos más adelante. Pero, como he dicho antes, quizá en el caso particular de alguna persona —o actualmente en la de muchas— la cruz represente algo distinto. Por poner un ejemplo: el de un niño a quien desde pequeño su madre le colgaba una cruz y le decía que así iría protegido; en su caso, cada vez que vea este símbolo le evocará precisamente eso: seguridad, protección, refugio en la madre. De hecho, actualmente quizá este significado de «protección» de la cruz tenga mucho más que ver que con el de «sufrimiento». El símbolo de la cruz como tantos otros y su significado ha ido evolucionando, según el valor y utilidad que el ser humano le ha ido dando. Veremos cómo al interpretar un sueño es imprescindible conocer bien a la persona, su entorno y creencias para saber qué quieren transmitirle realmente sus sueños.

La cruz representada en diferentes métodos de adivinación. Oráculo de Lenormand, baraja de la buenaventura rusa, posos del café, mano quiromántica y rueda astrológica.

TABLA DE SIGNOS Y LINEAS

1 Puntos 2 Manchas 3 Rejas

4 Escobillas 5 Cruces 6 Círculos

7 Estrellas 8 Islas 9 Cuadrados

10 Triángulos 11 Líneas horizontales cruzadas 12 Líneas onduladas

13 Líneas serpenteadas 14 Líneas paralelas 15 Líneas enrejadas

16 Líneas rotas 17 Líneas en cadena 18 Líneas terminadas en escobilla

19 Líneas bifurcadas 20 21 22

20 a 38 Signos varios

23 24 25

26 27 28

29 30 31 32 33

34 35 36 37 38

Teniendo a la vista la presente Tabla conseguirá el lector o consultante una más rápida y fácil comprensión de la obra.

Tabla de consulta para leer los signos de la mano.

Raymond de Becker nos dice que «quienes hayan estudiado el Yi-King, famoso libro oracular de las mutaciones, sabrán que los hexagramas que lo constituyen se fundan en imágenes simbólicas análogas a los de los sueños. Tanto los sueños como los oráculos son manifestaciones del inconsciente».

Tierra	Montaña	Agua	Viento	Trueno	Fuego	Lago	Cielo

Trigramas del Yi-King y su significado. El Yi-King o Libro de las Mutaciones es una de las obras más importantes de la tradición china.

Comenzando a soñar

Los hombres despiertos no tienen más que un mundo, pero los hombres dormidos tienen cada uno su mundo.

HERÁCLITO

Nos pasamos un tercio de nuestra vida soñando. En paralelo a nuestra vida consciente vivimos otra vida —nuestra otra vida— que parece casi mágica, la de los sueños. Vemos imágenes, símbolos, personas, escenas, tenemos vivencias, sensaciones y emociones. Vivimos una película en la que nosotros somos los protagonistas y que, sin duda, de forma consciente o inconsciente, afecta a nuestro día a día.

Es cierto que muchas veces no recordamos nuestros sueños, y que otras veces nos levantamos con la sensación de que lo ocurrido mientras dormíamos ha sido real, tanto que nos podemos pasar todo un día o varios con las sensaciones vividas en ese sueño a flor de piel, o que incluso determinen nuestra forma de actuar o pensar después de haber soñado. Las pasiones vividas en un sueño pueden influir en nuestra realidad, hasta el punto de cambiarla. A veces después de soñar, lo vivido oníricamente se convierte en realidad. Otras veces tenemos sueños idénticos o parecidos a los de otras personas, o incluso después de haber soñado con una persona que hacía tiempo que no sabíamos de ella, en un breve periodo de tiempo contacta con nosotros o la vemos casualmente. Viajamos a lugares que nunca hemos visto... o eso creemos. Tenemos sueños eróticos con los que incluso nuestro cuerpo físico se ha excitado. Además, ¿quién antes de dormir, alguna vez no ha pedido que algo le sea revelado en sueños o conectar con alguien o algo a través de ellos? Eso sin contar cuántas veces soñamos con personas que ya no están vivas, y una vez despiertos nuestra sensación es la de haber estado realmente con esas personas.

Todos soñamos. Despiertos, durmiendo, solos, con otras personas, soñamos con amor, soñamos con nuestro futuro, soñamos con una vida mejor, etc. Tanto es así que la historia de la humanidad, en infinidad de ocasiones se ha visto afectada por los sueños de los humanos, cambiando el curso de sus vidas para siempre. Raymond de Becker, en su libro Las imaginaciones de la noche, nos cuenta que el sueño ha representado un papel decisivo en la experiencia religiosa de la humanidad. También en la política, la cultura, el arte, la literatura, la vida social, etc. Becker nos da multitud de ejemplos de cómo los sueños que forman parte de historias de la Biblia determinaron las actuaciones políticas y religiosas de una sociedad donde política y religión iban unidas. Sin contar con los sueños–revelación que tuvieron los santos cristianos o diferentes profetas de otras religiones. También nos habla de sueños de grandes políticos o mandatarios que determinaron el curso de la vida de miles de personas, sueños que formaron parte de grandes catástrofes mundiales o de grandes creaciones. En uno de los ejemplos que expone, nos cuenta un sueño que tuvo Adolf Hitler cuando era cabo de la infantería bávara. Después de este sueño Hitler interpretó que se le había confiado una misión divina.

Entonces, ¿nuestra vida solo es la que vivimos conscientes o también forman parte de esta vida los sueños?

Es necesario que nuestra mente establezca una pasarela entre nuestro inconsciente y nuestro consciente, donde se comunican y concilian estas dos vidas. Y si esto ocurre es porque es necesario para la supervivencia del ser humano.

Sigmund Freud nació en 1856, y está considerado como el padre del psicoanálisis. Él decía que los sueños eran una expresión de nuestros deseos.

Carl Gustav Jung nació en 1875. Alumno de Freud, fue un reputado psicólogo y psiquiatra que tuvo un papel fundamental en el psicoanálisis. Jung decía que los sueños eran una expresión del inconsciente.

Raymond de Becker nació 1969, y fue seguidor del psicoanálisis, investigador y escritor, con múltiples obras sobre los sueños donde profundiza sobre los autores clásicos y en las obras de Freud y Jung, entre otros. Él decía que todo sueño era un deseo que quería realizarse.

Yo estoy completamente de acuerdo en que nuestros sueños expresan nuestros deseos, y en ellos se ve reflejado todo lo que ha ido grabándose en el inconsciente. Además, pudiendo ser una expresión de aquello que queremos conseguir en la vida o hacer realidad, para mí también son la clave para conocernos a nosotros mismos, analizar bien nuestro entorno y cómo influye en nosotros, conocer qué pretendemos realmente en la vida y cuál es el camino más adecuado para ello. Sin duda nos ayudan a evolucionar en nuestros pensamientos y en nuestra forma de actuar; son un conocimiento poderoso que es la llave para conseguir la verdadera felicidad. Un ejemplo de esto sería el mismo Carl Jung; el mismo se autoanalizó a través de los sueños. De hecho, de él se dijo que era un psicótico o un esquizofrénico que se había curado a sí mismo.

Demasiada poca importancia se le da a lo que soñamos, sin darnos cuenta de que los sueños son una fotografía de nuestro inconsciente, que condiciona nuestra vida.

Aunque se ha investigado mucho sobre los sueños, y soy consciente de que hay muchos tratados fantásticos que vienen de Babilonia, Egipto, Japón, China, India, Grecia, etc., que recomiendo que lean —yo misma lo sigo haciendo para profundizar en este magnífico arte—, con este manual claro y sencillo ahora tiene a su alcance la oportunidad de iniciarse o seguir indagando en el significado de sus sueños, allanándole el camino hacia la comprensión de las parábolas que vive cuando duerme y cómo puede utilizar esas vivencias oníricas para tener una vida mejor.

He adaptado a nuestro tiempo las analogías clásicas, aunque muchas veces me he alejado de ellas, ya que para aquellos tiempos tenían cierta lógica, pero ahora ya no tanto. Además, trataré de dar respuesta a muchas de las preguntas que todos tenemos: ¿qué hay más allá de los sueños?, ¿qué secretos esconden?, ¿qué quieren desvelarnos?

Forma adecuada de utilizar este manual

El futuro pertenece a aquellos que creen en la belleza de sus sueños

ELEANOR ROOSEVELT

Cuando emprendí la tarea de hacer este manual, lo que quería conseguir era una obra sencilla, con ejemplos claros y conceptos básicos, sin obviar la profundidad que merece. Un libro de consulta y a la vez un manual de autoayuda que tenga como base la interpretación de sueños. No me he querido quedar en la superficie del sueño adivinatorio cargado de superchería; he querido que se entiendan claramente los conceptos y de dónde derivan los significados que se muestran en el diccionario, con ejemplos explícitos y que yo en primera persona he vivido. Mi deseo es también que este libro sea un soporte de ayuda hacia el camino de autoconocimiento, a través de la herramienta onírica. En definitiva, un libro útil para el día a día, que te ayude en tus propósitos de vida.

Quiero remarcar que puede existir la tentativa de ayudar a interpretar el sueño a otra persona, y quizás te apoyes en este manual. Si lo haces, debes seguir los mismos pasos para ayudar a analizar el sueño a otra persona que para ti mismo: debes entrevistar adecuadamente a la persona, conocer bien sus hábitos y en qué circunstancias se ha desarrollado ese sueño; te puedes apoyar en el test que se adjunta y sobre todo indicarle que siga ciertas pautas que te indico ahora, para que tú puedas interpretar tus sueños adecuadamente, pero también ayudar a otra persona. Recuerda también que el sueño debe ser descifrado para quien ha soñado, no para quien lo esta contemplando y analizando.

A continuación te dejo estas pautas para que las sigas, ya que son importantes para la interpretación correcta del sueño. Sé que te puede resultar muy atractiva la idea de ir directamente al apartado titulado «Diccionario de sueños» e interpretar de una manera aleatoria una imagen concreta que haya aparecido en algún momento de la noche cuando dormías, con el deseo de saber qué te espera de forma rápida. Es comprensible que quieras una información instantánea y no esperar demasiado para saber algo; es una condición del ser humano obtener lo más rápido posible una solución a cualquier problema que se nos plantee. Pero si lo haces así, aunque calme tu curiosidad, es posible que hagas una interpretación errónea o incompleta, que a la larga no te sirva para nada. Lo que me gustaría realmente es que pudieras conseguir tu propio manual de sueños teniendo como guía este libro; que con la experiencia y el estudio onírico tuyo en particular y como una rutina, puedas entenderte mejor y de una manera cada vez más natural saber qué te están contando tus sueños y la forma más útil de utilizarlos.

Para el buen uso de este manual es importante que leas cada uno de los apartados, que entiendas con claridad cada uno de los conceptos que explico y que relaciones toda esta información antes de lanzarte a la tarea de la interpretación.

Aunque yo te explique conceptos genéricos, es labor tuya trabajar sobre ellos.

Pautas para seguir:

— Al despertarte, valora si estás en condiciones de analizar en ese momento tu sueño. Si no es así, describe tu sueño en un folio con el máximo de detalles posible, y con qué sensaciones te has despertado. Cuando encuentres un buen momento para el análisis, retoma la tarea basándote en lo escrito.

— Ten un diario de sueños donde apuntes qué sueñas cada noche y una pequeña frase resumen de cómo te has sentido al despertarte, y si crees que tiene un significado para ti.

— Con el diccionario de sueños que adjuntamos, busca el significado de las imágenes que hayan aparecido en tu sueño, pero también el sentido que tú le das de forma particular, e hila qué pueden expresarte en su conjunto todas esas escenas, significados generales y significados particulares. Esto lo puedes apuntar debajo de la frase que hayas puesto en el apartado de tu diario de sueños, donde hayas escrito este sueño en concreto.

— Hacer el test que se adjunta a cada uno de los sueños que quieras interpretar te ayudará a tener una primera conclusión del sueño. Es bueno que los vayas guardando, para tener un archivo donde luego podrás comparar estos test con los de otros sueños; te facilitará la tarea de sacar conclusiones, cada vez de forma más sencilla.

— Apuntar qué acontecimientos significativos han ocurrido alrededor de esos sueños. Un sueño no puede ser interpretado independientemente de la vida en vigilia de la persona que lo ha tenido, ni separado del conjunto de su personalidad.

— Hacer un análisis de qué tipo de sueños estas teniendo, y con qué frecuencia.

— Cotejar los acontecimientos que te ocurran tras cada sueño que quieras interpretar, para tener cada vez más claridad de por qué sueñas una cosa u otra.

— Cuando lo creas necesario puedes comentar un sueño con alguien de confianza o de la familia, que te pueda dar otra perspectiva o datos que a ti, al estar implicado directamente, se te pueden escapar. Ciertas tribus africanas, por ejemplo, se reunían después de haber soñado para analizar y comentar los sueños que habían tenido y así poder guiar los pasos que debía dar esa persona en concreto, o incluso a la tribu en general, si el sueño afectaba a todos.

— Leer de vez en cuando tu diario de sueños para ver cómo has ido evolucionando. Si ya tienes una conclusión de qué significó, anótalo y compáralo con la primera interpretación que hiciste con el diccionario genérico que te adjuntamos. Todo esto en su conjunto será una guía de interpretación para futuros sueños que te recuerden a este.

— Hacerte un propio diccionario de sueños con los significados que para ti tienen las imágenes, símbolos, parábolas o historias que han ido apareciendo en ellos. Es muy posible que tú le des otro significado que difiera del que yo te propongo. Recuerda que, aunque se le dé un significado general a algo basado en la experiencia de otras personas y en conceptos clásicos, tú eres único y tus sueños son únicos. No hay nada inmutable en la vida.

En conclusión, si sigues estas pautas te aseguro que podrás saber mucho más de ti. De forma natural y sin casi darte cuenta, al despertar encajarás cada vez más adecuadamente la información que han querido transmitirte tus historias oníricas. Conocerás más profundamente tu inconsciente y a cómo manejarlo, y todo ello te ayudará a tener una mejor vida consciente. En el libro de Emilio Suarez de la Torre que analiza lo que dice Aristóteles sobre los sueños, este autor nos dice que «el sueño es un camino abierto para llegar al verdadero ser de las cosas». Por lo cual, debes entender que todo esto debe servirte de utilidad para vivir tu día a día de una forma positiva y evolutiva, sabiendo quién eres, tus defectos y tus virtudes. Si te conoces, sabrás cómo actuar para ir por un buen camino hacia tus propósitos. Si sabes lo que quieres sabrás cómo actuar para conseguirlo.

¿Qué es un sueño?

Los sueños son respuestas actuales a las preguntas de mañana.

Si habláramos de lo que es y supone el sueño de forma fisiológica, diríamos que el sueño es el mecanismo sistemático que tiene el cerebro para la autorregulación y reposo de la mente. Esto consigue que restauremos las funciones psicológicas y físicas básicas; así podemos descansar adecuadamente y rendir como es debido cuando estamos despiertos, llevando a cabo nuestras tareas diarias. Digamos que a través del sueño nos recuperamos del deterioro que hemos sufrido mientras estábamos despiertos. Es decir, dormir y soñar es una labor de limpieza, mantenimiento y recarga de pilas.

Cada noche, cuando nos dirigimos a la cama a dormir (a veces no hace falta y nos quedamos durmiendo en cualquier lugar) nuestra mente va cargada de mucha información acumulada durante el día, pero también de nuestra vida entera. En ese momento en el que nos quedamos dormidos se comienzan a fabricar los sueños. Entramos a ese paraíso que parece perdido en nuestro inconsciente, que deja de ser controlado por nuestro consciente y se libera, mostrándonos de forma abierta una valiosa información que, siendo bien interpretada, puede ayudarnos mucho en nuestro día a día. Los sueños comienzan a manifestarse en nuestra mente en forma de imágenes, símbolos, sonidos, sensaciones físicas, pensamientos, etc. Los percibimos como si fueran varias secuencias de una película de las que somos espectadores, pero a la vez protagonistas. Las vivimos en primera persona, pero parece que sin poder actuar conscientemente sobre ellas.

Sin embargo, lo que me gustaría mostrarte en este libro son las otras funciones que puede tener el sueño en tu vida.

En la mitología griega, Morfeo era el dios de los sueños. Morfeo o Morpheus, viene del griego Μορφεύς; la palabra de la que proviene significa «forma». Precisamente es lo que te mostraré en este libro: lo que significan esas «formas» que aparecen en nuestros sueños y cómo interpretarlas en su conjunto, alejados de las funciones que tiene el sueño de forma fisiológica. Es decir, analizaremos el sueño a modo de «iluminación» para el ser humano, dándole un hilo conductor y una interpretación, para ayudarte a saber más de ese mensaje que te están revelando y de qué manera pueden serte útiles.

Espero no ser castigada por el dios Zeus por revelarte esta valiosa información.

Imagen, símbolo y arquetipo

Ojalá pueda este libro incitar al lector a que, sin renegar para nada de la cultura occidental y sus procesos de desmitificación, se convierta, siguiendo el ejemplo de Bachelard, en soñador de palabras, de poemas, de mitos, para así instalarse plenamente en esa realidad antropológica mucho más vital, mucho más importante para el destino, y sobre todo para la felicidad del hombre, que la muerta verdad objetiva.

G. DURAND

Aunque este libro se basa principalmente en el análisis de las imágenes que aparecen en nuestros sueños —y por eso, antes de continuar y debido a la cantidad de veces que utilizaré la palabra imagen, símbolo y arquetipo a lo largo de este manual, me gustaría describirte brevemente que significan cada uno de estos conceptos y qué valor tienen en el sueño para que puedas entender con claridad todo lo que voy a ir explicando— no quiero dejar en el olvido el decir que un sueño es mucho más que una secuencia de imágenes, y que hay que analizar todo lo que en él ocurre, ya que en un sueño también percibimos sonidos, aromas e incluso sensaciones físicas, pero necesitaría otro libro para poder analizar todo esto. Aun así, a través del análisis de las imágenes y con tu propia intuición, estoy segura que podrás comenzar a hacer un buen trabajo.

— **Imagen**: es la representación visual de algo o alguien, que puede ser real o imaginario. Por ejemplo, una foto de dos personas que están juntando sus labios sería la imagen de un beso, sin entrar en nada más sobre lo que esa imagen nos transmite.

— **Símbolo**: es una imagen alegórica, que no tiene porque tener parecido a nada de lo que transmite, y que contiene una serie de ideas que se expresan a través de él. Puede ser simplemente un diagrama. El símbolo recoge toda la sabiduría que en él se ha ido depositando.

En la siguiente imagen vemos figuras geométricas, que cuando están representadas en señales tienen un significado asignado internacionalmente, sin que la figura geométrica en su significado intrínseco tenga nada que ver con eso. Sin embargo, alegóricamente sí lo tiene.

Peligro

Advertencia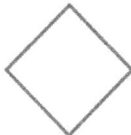

Precaución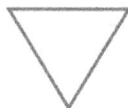

Un ejemplo es el hecho de ver este símbolo ⚠ sin que la imagen expresamente ilustre ninguna escena que nos evoque a algo. Sin embargo, es el símbolo internacional de la radiactividad, y al verlo entenderíamos que debemos tener precaución en un lugar concreto si este símbolo se encuentra allí. En el inconsciente colectivo (hablaré más delante de él), a este símbolo se le ha asociado la idea de precaución por radioactividad, y al verlo nuestro inconsciente activa esta alerta que envía a nuestro consciente, para que actuemos en consecuencia.

Para concluir, escribiré lo que dice textualmente G. Durand en su libro La imaginación simbólica: «Diríamos que el símbolo es, pues, una representación que hace aparecer un sentido secreto; es la epifanía (aparición) de un misterio. La parte visible símbolo, el "significante", siempre estará cargado del máximo de concreción; como bien dijo Paul Ricoeur en su libro La symbolique du mal, todo símbolo autentico posee tres dimensiones concretas: es al mismo tiempo "cósmico" (es decir, extrae de lleno su representación del mundo bien visible que nos rodea), "onírico" (es decir, se arraiga en los recuerdos y los gestos que aparecen en nuestros sueños y que constituyen, como dijo Freud, la materia más concreta de nuestra biografía más íntima), y por último "poético", o sea, que también recurre al leguaje, y al lenguaje más íntimo, por lo tanto el más concreto».

— **Imagen simbólica**, es decir que además de representar algo a través de una imagen también nos quiere transmitir y expresar una información concreta. Por ejemplo, en la imagen del beso, dos adultos están uniendo sus labios de forma receptiva y sus rostros demuestran entrega del uno hacia el otro. Esta imagen simbólica está transmitiendo amor y cariño, es decir esto sería una imagen simbólica del amor. Si por el contrario, en la imagen una persona está dirigiendo sus labios hacia otra con una posición que manifiesta entrega, pero esta otra lo retira con el brazo, esto sería una imagen simbólica de rechazo.

Las dos son imágenes de besos, pero una simboliza amor y otra rechazo.

— **Arquetipos**: según Carl Jung, los arquetipos serían imágenes universales que revelan la profundidad de las capas inconscientes.

El significado que se le da al arquetipo está arraigado de una u otra forma en nosotros, en nuestro inconsciente individual y en el inconsciente colectivo. El significado que se le ha dado a los arquetipos es un resumen del significado que la mitología, la sociedad, la ciencia y la religión les ha asignado.

Un ejemplo sería el arquetipo del Salvador. Si pensáramos en esta palabra seguro que nos vendrían a la cabeza personajes como Jesús, Buda, Mahoma, etc. Porque en el inconsciente colectivo e individual estos personajes, por la trayectoria que han tenido, el poso que han dejado, la misión que se han atribuído y cómo han influido en la sociedad, cumplen con las características del arquetipo del Salvador, cuyo significado estaría asociado a las ideas de aquel que viene a liberarnos y abrirnos el camino hacia la salvación y la elevación espiritual.

Al pensar en un arquetipo, de forma universal, es decir para la mayoría de los humanos, este nos proporciona un primer concepto de lo que nos quiere estar transmitiendo. En resumen, el arquetipo encierra en sí una serie de ideas que transmiten algo parecido a todo aquel que lo vea o piense en él. Es un patrón universal con una información que se ha ido recogiendo en él durante siglos, independientemente de la ciudad, cultura, sociedad, etc. Es común para todos y lo que en una primera instancia nos transmite es similar.

Hablemos por ejemplo del arquetipo del padre. Todos, al oír decir la palabra «padre» o ver una imagen que lo represente, como por ejemplo en las cartas del tarot sería el arcano del emperador, las primeras ideas que nos vendrían serían las de cabeza de familia, cuidador, protector, etc. Da igual si esta figura la ve un asiático, un africano o un europeo; en un primer momento esto sería lo que nos transmitiría. Es decir, el padre sería el arquetipo del cabeza de familia que trae la comida a casa, alimenta a la familia y la protege. Bien es cierto que nuestras propias vivencias con ese arquetipo pueden cambiar sustancialmente el significado final que tenga para nosotros. Es decir, si la relación con nuestro padre ha sido una relación donde este ha ejercido una posesión extrema, dando órdenes a la fuerza sin un sentido de concreto de ayuda, mandando en casa por encima de nuestra madre sin tenerla en cuenta, echándonos en cara lo que hacía por nosotros, etc., diríamos que ha sido un padre tiránico. Lógicamente, nuestra visión de ese padre será negativa; aunque represente determinadas características a nivel general para todos, una cosa es el arquetipo y otra es las particularidades que tenga la persona que encarna ese arquetipo y las vivencias que hayamos tenido. Con esas características particulares en el caso de nuestro padre, cuando lo veamos representado en sueños nos evocará esas sensaciones de haber sido maltratado por este arquetipo, que aunque tenga un primer significado general, luego se hace particular según nuestras experiencias vividas con él. Si por el contrario nuestro padre ha sabido dar protección sin posesión, ha sabido ejercer su fuerza adecuadamente para ayudarnos a guiar bien los pasos nuestra vida, ha tomado decisiones teniendo en cuenta la opinión nuestra madre, ha trabajado por el bien de la familia y para que tuviéramos más comodidad, etc., la visión del padre será positiva, y al verlo en un sueño te estará transmitiendo seguridad y protección sin imposición de nada. Por eso, en dos personas que sueñen con su padre, el sueño les puede estar transmitiendo cosas muy distintas, y por eso es necesario ir más lejos en el significado de la imagen, más allá de una inicial asociación de ideas. Es decir, que si vemos en sueños a nuestro padre y vamos al diccionario que adjuntamos, la idea a la que se ha asociado de forma general es la de autoridad y protección; pero una segunda idea al analizarlo tendrá que ubicarse correctamente en la vida del soñante. Es decir, que si para el soñante su padre ha sido una persona que ejercía esa autoridad y protección de forma impositiva y dura, el soñante se despertará con una sensación de malestar e inquietud, y tendrá que analizar por qué en ese momento de su vida aparece este arquetipo. Quizás, por ejemplo, al analizar el sueño se dé cuenta de que está incómodo en su trabajo porque está viviendo una situación laboral complicada, donde no le dejen que avance, no toman en cuenta su trabajo ni dejan que exprese sus ideas. Esta frustración se ha visto representada en el sueño en forma de su padre, que le causaba sensaciones parecidas. Una vez analizado, es trabajo del soñante tomar cartas en el asunto y comenzar a resolver el conflicto para desatascar esa situación de frustración. Como vemos, para una buena interpretación hay que ir enlazando el sueño con lo que estamos viviendo en ese periodo y cómo se están desarrollando las cosas.

Saliéndome del tema esencial del significado del arquetipo, me gustaría expresar que es labor del ser humano en constante evolución apartarse a veces del significado de ciertos arquetipos, y que estos evolucionen en su significado. Un arquetipo puede ser un patrón que nos evoque ciertas ideas y que de alguna forma nos corte nuestra creatividad. Si siempre creyéramos que el hombre tiene que ser el cabeza de familia y cumplir con todo el significado del arquetipo del padre, actualmente el arquetipo de la madre y el padre no hubiera evolucionado. Es decir, años atrás el arquetipo del padre nos llevaba a la idea de que era él de cabeza de familia, con las obligaciones de cuidar y mantener a sus hijos, sobre todo económicamente, y el de la madre, con las obligaciones de educar a los hijos, hacer las tareas del hogar y mantener el orden dentro de la casa. De hecho, cuando una pareja se divorciaba, la custodia solía concederse a la madre, porque se entendía que esta estaba mejor capacitada para cuidar a los hijos, y el hombre les tenía que pasar una pensión para que se mantuvieran económicamente. Actualmente estos arquetipos han evolucionado, y ahora tanto la madre como el padre se encargan de forma conjunta y paralela de los cuidados de los hijos en todos los ámbitos. Aunque cada uno tenga sus capacidades innatas en su genero, han sabido entenderse y evolucionar para tener una relación más sana. Esto ha ocurrido gracias al esfuerzo del ser humano por evolucionar, que ha sabido apartarse del significado que evocan sus arquetipos y han luchado para hacerlos trascender y a la vez avanzar ellos como seres humanos.

Cuando yo enseño a mis alumnos a leer el tarot, siempre les dejo claros que hay unos arquetipos comunes que tienen unos significados generales, que son la base con la que se van a estudiar de forma genérica, pero luego cada uno según sus experiencias y las experiencias de las personas a las que consulten, deben de adaptar estos significados y darles el valor que mejor se corresponda a cada caso particular. Este es el arte de saber interpretar bien: aunque parta de una base hay que analizar muchas cosas. También, por ejemplo, hay miles de tarots; según la época podemos ir viendo cómo las imágenes han ido evolucionando o han vuelto al pasado, añadiendo o quitando cosas al arcano, modernizándolas o volviendo a sus orígenes. Esto ocurre según la experiencia, estudios, creencias particulares y sociedad del propio ilustrador que creó ese tarot.

Con la interpretación de los sueños ocurre lo mismo: aunque pueda haber un valor general para todos sobre algo, luego cada uno debe adaptarlo a sus vivencias, época, cultura, entorno, estudios, creencias, etc., si queremos hacer una buena interpretación.

Por ejemplo, ahora mismo en un sueño seguramente lo que representaría desplazamiento sería un coche, un avión, un tren, etc. El significado del concepto de desplazamiento ha evolucionado también al nivel de la imagen, ya que ahora una de las palabras asociadas a desplazamiento podría ser, como hemos dicho antes, un coche, un tren, un avión, etc. Sin embargo, en muchos diccionarios de sueños y otros oráculos sigue apareciendo el carro, porque siguen adoptando el significado antiguo que se le da a esta imagen simbólica, y no han permitido que evolucione. Es verdad que muchos de nosotros podemos mantener la imagen del carro, ya que hemos podido verlo en películas, ferias, etc., nos han podido hablar de él, hemos leído literatura donde apareciera, etc. Pero cada vez más, las nuevas generaciones irán borrando esa imagen de su mente y se quedará como una herramienta del pasado que ahora simplemente se utiliza para rememorar esas épocas. Sería extraño que una persona que jamás haya subido en un carruaje de caballos para desplazarse, cuando tenga un sueño que quisiera transmitirle algún tipo de desplazamiento, soñara con un carro, y más si nunca lo ha conocido ni ha subido en él. O poniendo un ejemplo mejor: un antepasado nuestro del siglo XVI, donde el coche no existía, difícilmente soñaría con un coche para desplazarse; lo lógico es que se soñara a sí mismo montado en un caballo o en un carro. Por eso dejo de nuevo claro que el diccionario de sueños que incluye este libro también ha evolucionado según la asociación de ideas–imágenes actuales.

En las siguientes imágenes podemos ver varias representaciones de el arcano del tarot número XVIII, donde aunque todo gira entorno a la imagen del Sol, según el autor, lugar o época cuando se ilustró, la imagen del propio arcano y lo que le rodea cambia, aunque sigan un mismo patrón. Por ejemplo, puedes ver cómo difiere el dibujo de una imagen del Renacimiento al pintado por una niña de nuestro tiempo. En el primer dibujo vemos cómo un ángel encima de una plataforma se sujeta al Sol, y este a su vez lo eleva; los dos miran hacia el cielo. El autor deja impregnado un tinte religioso en la imagen. El Sol toma aquí el significado de conector con el cielo, asciende y guía el camino de un ser con alas (se ha convertido en un ángel), y todo ello en su conjunto puede ser la expresión de iluminación espiritual. Sin embargo, en el último dibujo vemos un niño y una niña sonrientes en actitud de juego, un perrito los mira y el Sol los observa riéndose. De él salen una serie de chispas de colores que caen sobre el paisaje al que parece que le da color, pero los niños no toman en cuenta aparentemente la mirada del Sol ni del perrito. La niña está alargando el brazo, dándole la mano al niño que la recibe con dulzura y amor. Parece que se divierten, ausentes de todo lo que ocurre a su alrededor, transmitiendo una sensación de felicidad y seguridad. Aquí el Sol tomaría el papel de la luz y el calor necesario que arropa a los niños en sus diversiones, casi como un padre que les aporta lo necesario para que vivan placenteramente. Ellos están alegres y se sienten en paz, protegidos y libres, pudiendo disfrutar de todo lo que les rodea bajo su amparo. Por ejemplo, una explicación que podríamos darle al conjunto de la imagen sería la que expresara la luz del amor, la libertad, la alegría y la felicidad. En los dos ejemplos el sol puede significar iluminación. Si hubiéramos soñado con estas imágenes en dos épocas distintas, al despertar la sensación de felicidad y bienestar posiblemente sería igual, pero en uno esa felicidad y bienestar entenderíamos que proviene de la conexión con el mundo espiritual que estemos experimentando en esos tiempos en los que tuvimos ese sueño, y en el otro sería más bien una felicidad que proviene de lo que compartimos con aquellos que nos rodean y de los bienes materiales que disfrutamos.

Arcano del tarot llamado «el Sol», en diferentes épocas y por diferentes autores. De izquierda a derecha, el tarot Visconti, italiano del siglo XV; el tarot de Hes, basado en el tarot de Marsella, alemán del 1750; el tarot español de 1903, basado en el tarot Etteilla III ,que a su vez se basó en las imágenes del libro de las crónicas de Nuremberg de finales del siglo XV; el tarot de Balbi, realizado por Doménico Balbi en el 1975, y el tarot de Verona Alserawan, pintado a la edad de nueve años en 2018.

Consciente, subconsciente, inconsciente e inconsciente colectivo

✐ Con toda probabilidad, los motivos mitológicos más importantes son comunes a todas las épocas y lugares.

CARL GUSTAV JUNG

Antes de seguir adelante, me gustaría explicar brevemente la diferencia entre consciente, subconsciente e inconsciente, pues son conceptos muy importantes que te ayudarán a comprender más fácilmente este manual y a entender cómo funciona tu mente.

1. **Consciente**: lo utilizamos en nuestro día a día para desarrollar las tareas comunes; es la parte más racional de nuestro cerebro.
2. **Subconsciente**: se encarga de todas las funciones que hacemos de forma natural e intuitiva, como por ejemplo respirar.
3. **Inconsciente**: guarda en él todas nuestras experiencias de vida y afecta a todo aquello que hacemos día a día. El inconsciente no reflexiona, está sometido a las ordenes del consciente.

Esta sería la descripción de los conceptos básicos, pero hay mucho más, ya que el inconsciente se podría dividir en dos tipos, **el inconsciente colectivo y el inconsciente individual.**

Carl Jung dedicó la primera parte de su vida a analizar el inconsciente individual a través de los sueños, y la segunda al inconsciente colectivo, siendo él quien acuñó este término. Me basaré pues en Jung para hacer una primera descripción. Me gustaría comenzar contando de forma resumida uno de los viajes que a Jung le aportó este conocimiento, en concreto el que hizo al hospital psiquiátrico St. Elizabeth en Washington. Jung quería descubrir si los pacientes negros tenían el mismo tipo de sueños que los europeos blancos; al hablar con ellos Jung descubrió que los sueños, fantasías y obras de arte de los pacientes negros le recordaban los sueños de sus pacientes europeos, y que en ambos casos se encontraban ideas e imágenes presentes en la mitología clásica. Es decir, personas de diferentes culturas y países tenían conceptos parecidos de ciertas imágenes. El arquetipo se hace así presente en cualquier lugar del mundo, teniendo un significado parecido para todos. Entonces, en su conjunto, podemos decir que los instintos y arquetipos forman el inconsciente colectivo al que todos estamos sujetos.

Jung nos dice esto sobre el inconsciente colectivo: «Vincula entre sí a las personas diferentes en el nivel más profundo de los sueños. El ritual, la religión y la mitología, son una serie de ladrillos con los que se construye la realidad humana. Una cantera de energía a partir de la cual los hombres lo construyen todo». Jung lo llama inconsciente colectivo porque, a diferencia del inconsciente personal, este no está constituido por un contenido individual o único, sino por uno universal y de ocurrencia regular.

En resumen, diríamos que el inconsciente colectivo sería un pozo donde se ha acumulado y se acumula el sentir y la experiencia de la humanidad, un sentido general sobre algo al que todos estamos conectados; una primera idea, una primera apreciación sobre algo que es común a todos. En esto están basados muchos de los significados que se les dan a las imágenes que aparecen en nuestros sueños, en las ideas del inconsciente colectivo. Pero... ¿y nuestra experiencia particular? ¿Dónde queda para el análisis de estas imágenes?

Del inconsciente individual Jung nos dice esto: «Todo lo que sé pero que en este momento no estoy pensando. Todo de lo que era consciente una vez pero que ahora me he olvidado. Todo lo que mis sentidos perciben, pero que mi inconsciente no nota. Todo lo que involuntariamente y sin prestar atención siento, pienso, recuerdo deseo y amo. Todas las cosas del futuro que están formándose dentro de mi y que alguna vez llegaran al consciente. Todo esto es el contenido del inconsciente». En resumen, el inconsciente individual se forma de nuestras propias experiencias, acumula lo que nosotros pensamos y creemos de forma particular, pero también tiene en cuenta las reflexiones personales que hacen otros en nuestra presencia.

En el siguiente diagrama podemos ver cómo están asociados estos términos, con el significado final que le daremos a nuestro sueño de forma particular.

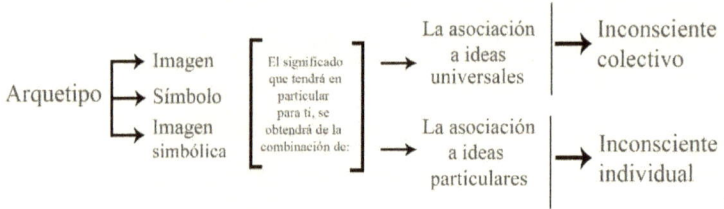

Arquetipo
- Imagen
- Símbolo
- Imagen simbólica

[El significado que tendrá en particular para ti, se obtendrá de la combinación de:]

→ La asociación a ideas universales → Inconsciente colectivo

→ La asociación a ideas particulares → Inconsciente individual

Fases del sueño

Antes de quedarnos profundamente dormidos pasamos por varias etapas. A estas etapas se les llama fases del sueño. Hace tiempo se consideraban que eran cinco, pero desde el 2006 la Academia Americana de Medicina del Sueño (AASM) fusionaron las etapa tres y cuatro en una sola.

Según en la etapa del sueño que estemos podemos percibir, oír, ver o sentir diferentes cosas. Es importante conocer cada una de ellas precisamente por eso, porque al analizar nuestro sueño no es lo mismo lo que hayamos «vivido» al comenzar a quedarnos dormidos, que en medio, que al final. Antes de seguir ahondando en las fases del sueño me gustaría destacar las dos formas principales de soñar:

1. Cuando se tienen «sueños especulativos», donde las imágenes que vemos son sencillas y directas, en muchos casos aparecen como si fueran un flash, sin que vayan unidas a nada más.

2. Cuando los sueños son «sueños alegóricos», donde aparecen representadas una o varias historias, con significados simbólicos. Lógicamente aquí el tiempo de duración del sueño es mayor.

Vemos ahora cuáles son esas fases del sueño y qué ocurre en ellas:

- **Fase n.º 1**. En esta fase del sueño es cuando comenzamos a relajarlos para dormirnos. En nuestros ojos ya cerrados se pueden observar ciertos movimientos, pero lentos. Es un sueño aún poco reparador ya que aún percibimos lo que ocurre a nuestro alrededor, y no estamos descansado completamente. El sueño es tan ligero que cualquier estímulo puede sacarnos de ahí. A este estado en el que entramos en esta primera fase se le llama también «duermevela», ya que es como si fuera un estado intermedio entre el estado de vigilia (estado en el que nos encontramos cuando estamos despiertos) y el estado en el que nos encontramos cuando estamos durmiendo. Es en esta fase del sueño cuando somos más sensibles a percibir ciertos estímulos y lo que ocurre en «otros planos». Que no veamos ciertas cosas con nuestros ojos físicos no quiere decir que no existan, y es en este estado en el cual muchas personas han creído ver espíritus, oído voces de personas que no estaban presentes en ese momento, percibir sensaciones extrañas, que les viniera a la mente alguna fase reveladora, o incluso que les tocaran físicamente.

Cuando, por ejemplo, se hace una regresión o se entra en un estado de meditación e incluso de conciencia alterada, el estado que se logra es muy parecido a esta primera fase, ya que somos conscientes de que estamos conectando con otro plano, pero a la vez nos damos cuenta de todo lo que ocurre alrededor nuestro y podemos hacer una labor consciente de «espionaje» de nuestro inconsciente.

También los sueños lúcidos (en el próximo capitulo hablaremos más extensamente de ellos) se suelen trabajar en esta fase.

- **Fase n.º 2.** En esta fase comenzamos a estar más relajados. Los ojos apenas se mueven. Nuestro sueño comienza a ser reparador y estamos ya dormidos, tarea que es facilitada porque dejamos de enterarnos de qué ocurre en nuestro entorno y percibir estímulos de lo que nos rodea.

- **Fase nº 3.** En esta fase aún estamos más relajados que las dos anteriores, nuestros ojos no se mueven. Aquí aún no recordamos lo que estamos soñando y las imágenes que podemos ver, como mucho serían clasificadas como «sueños especulativos». Sin embargo, es la fase que más descansamos, esencial para recuperarnos física y psíquicamente, donde se incrementa la producción de ciertas hormonas como la del crecimiento, la vasopresina, que actúa ayudándonos a conservar el agua en nuestro organismo, aumentan los niveles de hormonas sexuales, también los neuropéptidos (que ayudan al aprendizaje, memoria, sexo, etc.); en ella estamos más profundamente dormidos y la actividad cerebral es mucho más lenta.

Si no ejecutamos esta fase adecuadamente, o nos despertamos repentinamente en ella, puede provocar el estar cansados al día siguiente, dolores de cabeza, tener somnolencia, mareos, desorientación etc.

- **Fase REM**: en esta fase la relajación muscular es total. No nos movemos (cosa que ayuda a no hacernos daño inconscientemente a nosotros mismo o a quien duerma a nuestro lado), pero sin embargo el sistema nervioso central está muy activo. Su actividad es muy rápida, como si estuviera en estado de vigilia, es decir cuando estamos despiertos. Por esa razón, a esta fase también se le llama «sueño paradójico». Es aquí donde la actividad onírica está muy presente. Tenemos sueños que forman historias, por más tontas que sean: son los sueños alegóricos, y estos sí los solemos recordar. Es donde también surgen los sueños premonitorios y las mejores revelaciones sobre el futuro.

Cuando esta fase sufre alteraciones solemos tener pesadillas, se produce el sonambulismo: podemos hablar en alto, tener una parálisis del sueño aislado, quedamos en un estado hipnagógico, donde el durmiente puede sufrir mucha ansiedad, debido a que se despierta momentáneamente (está en un punto intermedio entre la vigilia y estar dormido), se siente incapaz de moverse, reaccionar o hablar. Algunas personas también en esta fase pueden sufrir alucinaciones, o incluso los llamados desdoblamientos astrales, donde la persona se ve por encima de su cuerpo e incluso puede desplazarse por la habitación o a otros lugares como si fuera un fantasma. Hay varias historias donde una persona que está conectada a otra —por ejemplo, por una relación amorosa—, y una de estas personas está de viaje por cualquier motivo, incluso en otro lugar del mundo, mientras las dos personas duermen, una sueña que se desplaza hasta donde está la otra, y la otra lo ve en sus sueños en ese mismo instante.

En mi caso, viviendo en Madrid hace ya bastantes años, me desplacé un fin de semana a ver a mi madre a Tomelloso. Esa noche me quedé dormida en el sofá del salón, viendo la televisión. A media noche me desperté con fiebre; al instante vi nítidamente como un chico con el que tenía en ese momento una relación venía y me acariciaba la frente. Mi sensación fue tan real como si él estuviera de verdad presente en ese instante. Pero eso no podía ser, porque el se había quedado en Madrid trabajando. No le di más importancia, y a pesar de la sensación lo intenté tomar como un sueño más. Al día siguiente, cuando no llevaba ni media hora despierta, sonó el teléfono. Era él, preguntándome qué tal estaba, y si se me había pasado ya la fiebre. Me quedé perpleja, ya que él no había podido tener esta información de ninguna manera: ni siquiera mi madre lo sabía. Le pregunté cómo se había enterado, y me dijo que tenía la capacidad de desdoblarse astralmente, y que esa noche había venido a visitarme.

Análisis de los sueños como forma de autoconocimiento y autoayuda

Preocupado vuestro espíritu por lo que habéis visto en sueños, os veis inclinados ha hacer o evitar tal cosa.

SANTO TOMÁS DE AQUINO

Los sueños son un método para explorar la personalidad. Nos pueden ayudar a tomar conciencia de por qué actuamos de tal o cuál forma, y esto nos da la libertad para saber exactamente cómo cambiar aquello que no nos beneficia, en pos de hacer cosas que sí nos proyecten positivamente y nos encaminen hacia el éxito.

Al soñar estás manteniendo una conversación contigo mismo, un «contigo mismo» escondido, tu otro «yo», ese otro compartimento que parece escondido en ti, en el que se acumulan y guardan todas tus experiencias, ideas, sentimientos, etc. Ese cajón que, aunque creas que nunca se abre, se destapa más veces de lo que crees, y aunque aparentemente no se ven los efectos de lo que desencadena, después, en el «cómo te va la vida» se muestra claramente.

Actúas con él, pero no te das cuenta; por eso es importante que conozcas a ese otro «yo», que no es otra cosa que tú mismo. Para esto, tus sueños son básicos, y si aprendes a analizarlos de forma rutinaria, podrás darte cuenta de lo beneficiosos que pueden llegar a ser a la hora de enfrentarte a tus actitudes más perjudiciales, y una vez enfrentadas, poder cambiarlas. De esta forma tus sueños serán otros; no serán sueños que te hablen de aquello que deseas o que ha frustrado tu vida, sino sueños que te hablen de lo que eres capaz de conseguir y de todos los éxitos que vas acumulando.

A través del sueño podrás conocer a tu otro «yo», que piensa de ti y como actúa por ti. Y eso es lo que debes conseguir, que ese otro «yo» actúe en beneficio tuyo para ayudarte a conseguir tus objetivos. Y esta es la clave: que aunque tú tengas en cuenta esta primera idea a la que nos remite el inconsciente colectivo, no puedes quedarte solo con eso, sino que debes aprender a analizar lo que representan de modo particular para ti esas imágenes y a dónde te elevan realmente. De esta forma te estarás analizando a ti mismo.

Esta es la buena noticia: ¡tienes un gran tesoro! Tu inconsciente individual lo formas tú, y es absolutamente dominable. A través de los sueños podrás saber qué ocurre en él y si conscientemente le estás dando los mensajes adecuados o no. Si no es así, no pasa nada, porque aunque nadie nos ha dado un libro de instrucciones para saber cómo trabajar con nuestro inconsciente, ahora, a través de este manual, tienes la oportunidad de crear tu propio libro de instrucciones válido y eficaz. Aprender a darle los mensajes adecuados y trabajar efectivamente con tu inconsciente de forma constante para que puedas llegar al éxito de tus objetivos.

Te pondré un ejemplo para que se puede entender más claramente aún todo esto:

Tengo un nuevo trabajo y para ascender en él necesito sacarme el carnet de conducir (estímulo positivo que recoge tu inconsciente y te impulsa hacia esa tarea). Una vez hemos tomado la iniciativa de comenzar a estudiar para el examen te vienen las ideas siguientes y sensaciones: «qué complicado es estudiar esto», «voy a perder mucho tiempo en aprender a conducir», «me siento apático y agotado en estos momentos como para conseguirlo», «igual no es tan importante el ascenso en el trabajo», «con lo inútil que soy nunca lo conseguiré», «quizás este trabajo no este hecho para mí», etc. Encima esa noche sueñas que al presentarte al examen no apruebas, y al regresar a casa tu madre te regaña porque has sido incapaz ¿Sabes por qué te surgen estás ideas? ¿Sabes por qué has soñado con eso? No porque seas un inútil de verdad y seas incapaz de aprobar el examen. Quizá esto ocurre porque en el pasado ya suspendiste un examen, quizá porque nunca te valoraron suficientemente en casa o tus amigos jamás te tuvieron demasiado en cuenta, quizá el total de todo esto dejó grabado en tu inconsciente el resumen de que no eras capaz de superar un reto, y que cualquier esfuerzo que hagas será en vano, y ahora te lo está recordando.

Da igual que en lo que fracasaras en el pasado fuera una cosa totalmente distinta; tu inconsciente está haciendo una asociación de ideas.

Estudio = abandono = fracaso

«En el pasado abandoné los estudios y fracasé, ahora ante este reto pasará lo mismo, para que seguir». Lo bueno es que eso ocurrió en el pasado y ahora tienes una nueva oportunidad. Tienes la capacidad suficiente para darte cuenta de todo esto y no sucumbir al engaño del inconsciente. Es solo un mensaje, tu sueño solo es una ilustración de aquello que no te deja evolucionar; aprovecha esta información para cambiar esto que no es una verdad absoluta y no dejes que determine tu vida para siempre. Para eso están los sueños, para que a través de ellos entiendas por qué no has conseguido tus propósitos, y así poder cambiar aquello que no te lo permitió. Los otros sueños, los que te llenan de gloria y éxito, esos sueños están para lograrlos, porque si están en tus sueños es porque puedes conseguirlos.

¿Cómo hacerlo? Fácilmente: reprogramando a tu inconsciente, dándole ahora mensajes correctos. El primero debe ser que cuando te surgen esas ideas de abandono debes continuar con ánimo, sacar la fuerza que tienes dentro de ti y superar los mensajes añejos y dañinos del pasado. Aprobarás, y así grabaras ese nuevo mensaje de éxito en tu inconsciente. Te demostrarás a ti mismo quién eres en realidad, y a partir de ahora será lo que te transmita tu inconsciente y tus sueños, cada vez que te enfrentes a un reto. Te recordará eso, soñarás eso: que eres una persona fuerte, valiente y exitosa. Y sobre todo, recuerda que nada es inmutable en la vida, y que en cualquier punto del camino puedes analizarla y cambiar lo que desees; no importa que alguna vez hayas abandonado o fracasado, cualquier momento es bueno para cambiarlo.

En este diccionario de sueños aprenderemos a revelar esos mensajes que tiene guardado nuestro inconsciente, a seguir indicaciones adecuadas para llegar a nuestros objetivos y deshacernos de aquello que no nos beneficia en nuestro día a día.

Te pondré otro ejemplo práctico:

Todos los días vas al trabajo de forma rutinaria. Esto raramente se expresará en tus sueños, a no ser que quiera ser el indicativo de algo. En los sueños no aparecen las cosas que hacemos de forma mecánica, a no ser que sean un aviso.

Un día, al ir camino del trabajo, te tropiezas con una persona de tu pasado con quien tuviste un romance hace quince años. Temeroso, evitas la mirada y sigues hacia delante, tratando de aparentar que no ha ocurrido nada. Lo dejas a un lado, no le das ni siquiera valor a ese rechazo y continuas con tu rutina diaria sin darle importancia. Pero que tu no le des importancia no quiere decir que esto no haya ocurrido y te haya marcado.

Por la noche tienes un sueño; en él aparece una persona con la que trabajas desde hace tiempo. Te gustaría salir con ella porque te atrae, pero tienes miedo de acercarte y proponérselo, por si obtienes una negativa. No sabes muy bien de dónde viene ese sentimiento pero está presente en el momento de tomar esa decisión de acercarte o no.

En el sueño, sin embargo, parece que superas ese miedo (te recuerdo que los sueños son muchas veces la expresión de la realización de nuestros verdaderos deseos); tratas de acercarte a ella, pero justo antes de llegar la chica del pasado con la que te chocaste esta mañana se cruza en tu camino impidiéndote el paso y haciéndote cambiar de camino. Tú, enfadado, te das media vuelta y regresas a tu puesto de trabajo sin haber conseguido hablar con tu compañera (te recuerdo que los sueños son también reflejo de aquello que nos frustra).

Te despiertas con un sentimiento de frustración, enfado y con la imagen en la cabeza de esta chica con la que mantuviste hace quince años una relación, y que se ha interpuesto en tu camino.

¿Por qué ha ocurrido todo esto? Analicémoslo y analicemos cómo todo esto podrías utilizarlo como autoconocimiento y autoayuda.

El sueño te expresa claramente el deseo que tienes de salir con tu compañera de trabajo, pero, ¿qué te lo impide? ¿Por qué aparece esta chica que encontraste por la mañana y que pertenece ya a tu pasado? Analizando la relación que tuviste con la chica, lo que ocurrió fue que después de estar unas semanas saliendo con ella, finalmente ella te abandonó. Nunca le pediste explicaciones ni ella te las dio, y al pasar un tiempo te contaron que realmente el motivo del abandono fue que te dejó por otra persona. Esto dejaría clara la aptitud que tuviste al chocarte con ella, de camino al trabajo, evitando mirarla. Pero también, cuando en tu sueño ella se cruza en tu camino, te das media vuelta, y cuando tu compañera se marcha no haces nada para lograr alcanzarla y hablar con ella. ¿Por qué aparece todo esto en tu sueño? Claramente, por un lado te esta dando la explicación de por qué no consigues salir con tu compañera, y a la vez te está hablando de ti mismo, de dónde proviene tu temor y frustración. Al analizar el sueño vemos que es esta mujer del pasado representa la frustración, el miedo y el abandono, tres palabras claves que están asociadas directamente con lo que te ocurrió con ella y que a la vez asocias a lo que te puede ocurrir en futuras relaciones. Cuando se interpone en tu camino, esto es una imagen simbólica de temor. Se trata del temor que tienes a enfrentarte a lo que ocurrió y superarlo, así como el temor a superar esa barrera por el miedo al rechazo. Ella aparece en tu sueño para avisarte de las barreras que tienes en tu vida real, y que a pesar de que han pasado quince años aún no lo has superado.

Si lo piensas bien, no hay una razón real para tu miedo actual; solo el poso que dejó el abandono del pasado y que te ha creado ese temor a volver a sufrir. El análisis de tu sueño te está ayudando a hacerte consciente de que esto ya pertenece a tu pasado, que es algo asociado a otra vivencia lo que te está impidiendo ser feliz y tomar iniciativas buenas para ti, y sobre todo algo muy importante: es un aviso de lo que tu inconsciente ha guardado y te dirige día a día, sin aparentemente darte cuenta. Al analizar el sueño y hacerte consciente de esta situación, de por qué te pasa eso, ya puedes comenzar a poner las soluciones necesarias para superarlo. Está claro que esta es una relación distinta y no tiene por qué ocurrirte lo mismo. Si eso ocurriera tendríamos que analizar el porqué de esto, qué provoca ese rechazo de ellas; pero piensa que no siempre la culpa puede ser tuya. A veces simplemente elegimos mal; no te preocupes, que hasta eso podemos llegar a controlarlo y cambiarlo, pero eso ya sería otro tema.

Recuerda: ¿qué pierdes? Te lo digo yo: **nada**. Solo oportunidades de superación y de tener una vida más feliz. Si no tratas de hacer algo, nada cambiará. Aunque tengas que ir poco a poco, lo importante es que te muevas en una dirección de evolución, de ser una persona que se conoce bien y que en cada momento utiliza las herramientas adecuadas para subir los escalones de la vida.

En conclusión, el sueño te muestra tus temores, te los expone y te dice de dónde provienen. Tú, al analizar el sueño, eres ahora consciente de que puede provocar tus frustraciones con el fin de poder resolverlas. También te muestra quién eres y lo que quieres, y esto puede cambiarlo todo. Los sueños —no hay duda de ello— te ayudan a autoanalizarte, pero también te dan las pistas con las que puedes ayudarte a ti mismo.

Para finalizar, os dejo con una reflexión de Freud: si el durmiente ve cosas que responden a sus deseos, es porque el alma es conocedora de todas las formas. Puede que cuando se hayan purificado en el sueño las manchas del cuerpo, logre conocer libremente lo que anhela poseer… Por tanto, forma imágenes con ayuda de las cuales hace desfilar ante ella las cosas cuya existencia desea.

Tipos de sueños

—*Has dicho que habías tenido un sueño. ¿Qué pasaba en el?*

—*Intentaba hablar contigo, pero era como hablar con mi padre. Necesitabas decirme algo, pero no lo conseguías, porque te habías quedado sin voz.*

Diálogo entre el actor que interpreta a Freddie Mercury
y su amiga en la película *Bohemian Rapshody*

Al soñar es como si nuestro consciente y nuestro inconsciente mantuvieran una conversación. En esa conversación pueden tratarse muchas cosas y de diferentes maneras, incluso proponiendo soluciones para nuestra vida, hablarnos de cómo somos y cómo actuamos, dándonos información de lo que puede ocurrir en un futuro, también avisándonos de lo que a otros puede estar pasándoles en ese momento, etc.

Los sueños serían la expresión de esas conversaciones. Yo tengo muchas experiencias de casi todo tipo de sueños, y el autoanálisis de estos sueños prácticamente a diario y la experiencia trabajando con ellos me hace identificarlos cada vez más rápido y claramente, aprendiendo a distinguir de qué tipo son y cómo pueden influir y ayudarme en mi vida. En este apartado vamos a distinguir los diferentes tipos de sueños que podemos tener.

Está claro que tenemos dos tipos principales de sueños: los que recordamos y los que no recordamos. A nosotros los que nos interesan son los que recordamos, pues en ellos esta el mensaje de lo que nuestro inconsciente nos quiere transmitir para que actuemos con ello, conscientemente. Haré una distinción dentro de los sueños que recordamos, con ejemplos propios de para qué nos sirven cada uno de ellos.

Sueños espejo

Expresan aquello que deseamos, anhelamos, experiencias que hemos vivido, etc. Nos hacen conscientes de la personalidad real que tenemos, cómo nos desenvolvemos con nuestro entorno, etc. En resumen, un reflejo de lo que somos y vivimos en nuestro día a día. Estos sueños nos sirven para poder conocernos mejor y afrontar la vida con más consciencia.

Yo, por ejemplo, cuando estoy preparando un evento tengo noches en las que me acuesto muy obsesionada por las cosas que tengo que desarrollar, la acumulación de trabajo, los contratos, el lugar, etc. En esas noches suelo soñar con situaciones parecidas, que ya he vivido, relacionadas con la organización de un evento. Me veo en el sueño solucionando los problemas que vienen y desarrollando cuestiones que ayuden al buen funcionamiento del evento. Suelo ver en el sueño a las personas que me apoyan sonriendo, y yo personalmente aparezco con un carácter fuerte y positivo. Me despierto de este tipo de sueños normalmente siendo consciente de que estoy preparada para desarrollar ese proyecto, con ánimo y fuerza.

Sueños reparadores

En este tipo de sueño nuestra mente se desahoga. Este tipo de sueño sirve para superar cualquier trance o experiencia de la vida.

La muerte de mi hijo supuso para mí un impacto importantísimo, supongo que como le sucederá a cualquier padre al que le ocurra un hecho tan contra natura. Durante muchos meses, después de la muerte de mi hijo Diego, en la fase del duelo soñaba con él muchísimo. En el sueño lo abrazaba, jugaba con él, lo veía desarrollarse, incluso crecer (era un bebé cuando murió). Al despertar, estos sueños me ayudaban a sobrellevar el día a día sin él. Muchas veces me acostaba sin estar cansada, solo con la pretensión de dormirme, poder verlo en sueños y así disfrutar de él. Para mí el sueño era como una realidad donde podía estar con mi hijo. Conforme fui asumiendo la perdida, tuve nuevas ilusiones, y quizá una de las más importantes fue mi hija Verona. Con el tiempo estos sueños se hicieron cada vez menos habituales, hasta el punto de desaparecer casi por completo. Esto no es debido a que me haya olvidado de mi hijo. De hecho, me acuerdo todos los días de él, pero de otra forma, no de forma obsesiva, sin asumir su perdida. He ido entendiendo que en la vida se evoluciona y se asumen las circunstancias de la mejor forma, para seguir viviendo y disfrutando de todo lo bueno que nos ofrece, siendo las circunstancias negativas de la vida las que nos hacen muchas veces saber valorar lo que tenemos, incluso lo que ya no tenemos.

Sueños heredados

Son sueños que no provienen intrínsecamente de nuestras propias experiencias o vida, sino de las de nuestros parientes. Digamos que es una especie de legado que nuestros antepasados, genéticamente, por transmisión oral, por actitudes que vemos en ellos, etc., nos han dejado, y nosotros los asimilamos como nuestros, bien porque empatizamos con estas ideas y tienen mucho que ver con quienes somos nosotros en realidad, pudiendo ayudar a desarrollar nuestra vida, o bien porque es una alerta para cambiar algo que está mal posicionado en la familia: un mal patrón, relaciones tóxicas, actitudes negativas, rencores o rencillas arrastradas, etc. Estos sueños nos pueden servir para ser conscientes de las cosas que hay que liberar y sanar, para que la familia y nosotros mismos tengamos una vida más sana.

Contaré el ejemplo de una persona que viene a consultarse habitualmente conmigo, cuyo nombre es Juan. En una sesión me comentó que tenía muchos problemas con la relación con sus padres, que es como si le naciera sin motivos muy aparentes el tratarlos mal. Siempre peleaba con ellos y discutía por las cosas más simples. Me contó que era gay e hijo único, y aunque sus padres lo entendieron desde muy pequeño y siempre lo trataron bien, comprensivamente, y lo apoyaron, no era un tema que se tratara con el resto de la familia. Me relató un sueño repetitivo que tuvo durante toda su vida, donde se veía con otro hombre mayor que él, paseando y hablando alegremente. Él lo identificaba con un tío que vivía en Suiza desde hacia mucho tiempo, y que solo había visto cuando era pequeño un par de veces. La cuestión es que en el sueño, cuando ellos dos iban a entrar a la casa de sus abuelos, las personas que estaban allí (una vez eran sus padres, otras sus abuelos, otra su tía, etc.), al abrir la puerta y verlos, ponían cara de menosprecio y no les dejaban entrar. Ellos intentaban forcejear para entrar, pero nunca lo conseguían. Yo le pregunté por qué hacía tanto tiempo que su tío no les visitaba, y lo único que pudo decirme es que en casa se evitaba hablar de él desde siempre. Yo le dije que era importante que hablara con su madre sobre el porqué de esta situación. En una siguiente sesión me comentó que su abuela había muerto hacia poco, y que su tío vino al entierro. Pasaron una noche en el tanatorio, donde se reunieron todos los familiares, Juan empatizó rápidamente con su tío, y este le explicó la causa de su ausencia. Le dijo que era gay y que sus padres no lo asumieron nunca. Lo rechazaron y le dejaron de hablar; él simplemente se fue a Suiza a hacer su vida allí y no volvió a establecer contacto con ellos hasta ese momento en que le avisaron de la muerte de su madre. Ni siquiera vino a la muerte del padre, que hacía ya algunos años que había fallecido, y que parece que era el menos comprensivo ante la situación. Al día siguiente, cuando le dieron sepultura a su abuela, fueron a comer a casa de la madre de Juan y hermana de su tío, y los tres hablaron del tema. Su madre le confesó que le había echado mucho de menos y que ella siempre le había querido. De pequeños tenían una muy buena relación y era el hermano con el que más jugaba, con quien mejor se entendía. Siempre que veía a Juan se acordaba de él, se lo recordaba, pero nunca se atrevió a volver al contacto para no disgustar a sus padres. Solo algunas veces hablaba de él con su madre, a escondidas. Esta siempre estuvo muy triste por la partida de su hijo, y le confesaba a su hija que soñaba casi cada día con la vuelta de este, pero todo se quedaba en un sueño ya que aunque ella lo había asumido desde siempre, nunca tuvo valor de enfrentarse a su marido y reconducir la situación. Juan comenzó a recordar estas conversaciones de su madre y abuela sobre su tío, y empezó a entender el porqué de su sueño. Cuando los tres hablaron y él comprendió la situación, algo comenzó a sanarse en él, y la relación con sus padres fue cada vez mejor, a la par de recuperar la relación con su tío.

En este sueño vemos claramente cómo Juan heredó el rechazo que sus abuelos habían tenido a su tío. De alguna forma, al presenciar de pequeño las conversaciones de su madre y su abuela, él se identificó con su tío —quizás por tener la misma condición de que los dos eran gays—, y asumió el rechazo como si fuera suyo. Este se reflejaba constantemente en sus sueños, pero a la vez también en su vida real, cuando peleaba con sus padres, quizás a causa de esa repulsión que él sentía en su sueño de sus abuelos, padres y tíos, cuando estos no les dejaban entrar en la casa. Su mente lo asumía como un rechazo auténtico hacia él por parte de sus padres; quizá fuera inconscientemente, pero actuaba en su vida consciente. Al sanar la situación, dejó de tener estos sueños «heredados» y comenzó a tener una relación sana con sus padres.

Sueños colectivos

Un mismo grupo de personas afines a una idea sueñan cosas parecidas. Estos sueños se pueden dar en grupos políticos, religiosos, de estudio, trabajo, familiares etc. Son sueños muy parecidos entre los componentes de ese grupo, con imágenes y sensaciones parecidas. Son sueños que se deberían analizar entre ese grupo, o al menos entre varias de las personas que lo componen, para desvelar qué quieren transmitirnos. Normalmente pueden ayudar a que haya una innovación en las tareas que estén haciendo dentro de este grupo, desarrollar algo creativo y positivo para todos ellos, e incluso si ese grupo tiene poder en algún sector de la sociedad, ayudarla a su vez. También pueden ser sueños que nos hablen de errores comunes que están cometiendo todos los integrantes del grupo o muchos de ellos, y que a través de estos mensajes se pueden corregir.

Sin ahondar mucho más pondré como ejemplo la famosa frase de «el sueño americano». Son ideales que compartieron muchas personas —y que aún todavía comparten—, y que les hacía soñar con la oportunidad de prosperar en su vida y tener un mejor futuro. Todo este grupo de personas con ese ideal compartían un mismo sueño, aunque se expresara de distinta forma y cada uno lo viviera a su manera. En estos sueños se ve a Estados Unidos como un destino lleno de oportunidades, riqueza y abundancia.

Sueños telepáticos

aparece una información aparentemente externa a nosotros, pero que se nos queda grabada de forma especial porque sabemos que nos está transmitiendo algo importante, y suele tener que ver con personas muy cercanas a nosotros. Por ejemplo, soñamos con una persona que hace mucho tiempo que no veíamos y al día siguiente del sueño nos llama por teléfono. De alguna forma, esta persona nos ha transmitido en nuestro sueño el deseo de contactar con nosotros, y después ha ocurrido. Puede pasar que soñemos con un hijo que esté lejos, un sueño negativo donde veamos que se encuentra mal. Una vez despiertos llamamos a nuestro hijo, y este nos cuenta que ha tenido un problema. Es como si nuestro hijo nos hubiera llamado en sueños.

En mi caso, hace algunos años, durante un viaje a Egipto, tuve un sueño en El Cairo, en el que veía a mi hermana Eva en la casa familiar, yendo de un sitio a otro, muy alterada y nerviosa; se cogía las dos manos y se las apretaba angustiosamente. Al despertar, yo me levanté angustiada también, sudando e inquieta. Automáticamente llamé a mi hermana; ella me contó que la empresa en la que trabajaba tenía problemas y que se quedaba sin trabajo. Luego me dijo que estuvo pensando toda la tarde en mí y hablando con mi madre sobre la posibilidad de llamarme para contármelo, pero que al encontrarme tan lejos decidieron no molestarme. Claramente, ella de alguna forma me estaba llamando, y fue mi sueño el que me transmitió esa llamada. Gracias a esto pude actuar y contactar con mi hermana para ayudarla.

Sueños premonitorios

son aquellos donde el propio sueño nos transmite un mensaje que se cumplirá en el futuro. Este mensaje puede ser directamente para nosotros, para otra persona, para un grupo de gente o incluso para toda la humanidad. A veces el sueño es muy claro, como si fuera una película que nos relata casi exactamente lo que va a ocurrir; otras veces son sensaciones, imágenes, símbolos o arquetipos que nos dan pistas sobre lo que puede ocurrir y que nosotros debemos aprender a identificar a través de la experiencia.

Me gustaría detenerme un poco más en este tipo de sueños, ya que al ser este un libro que actuará muchas veces como oráculo adivinatorio, creo que es necesario saber lo máximo de ellos.

Premonición es una palabra de origen latín que significa «advertencia». Esta formada por:

- El prefijo prae, que podría significar «antes».
- El verbo monere que significa «advertir o «aconsejar».
- El sufijo -tion.

Asumimos la premonición como un pronóstico de futuro, pero debemos tomarla también como una advertencia, ayuda y consejo.

El ver en sueños algo que puede ocurrir en nuestro futuro, no siempre tiene porque ser una sentencia, algo ineludible; también puede ser una advertencia para que podamos actuar sobre el tema que nos informa el sueño, y así evitar el pronóstico.

Contaré varios ejemplos de sueños premonitorios:

El presidente Abraham Lincoln fue asesinado por John Wilkes Booth el 14 de abril del 1865. Ese mismo día, antes de ser asesinado, contó a las personas que componían su gabinete que había tenido un sueño. Relató lo siguiente:

«En el sueño fui despertado por un gemido débil procedente de algún lugar cercano. Me levanté y comencé a buscar el ruido. Finalmente me encontré en camino a la sala este, donde hombres y mujeres estaban envueltos en mantos funerarios. Vi un ataúd en un estrado, y soldados en cada extremo. Un capitán estaba de pie cerca, y me dirigí a él: "¿Quién está muerto en la Casa Blanca?", dije.

"El presidente", fue su respuesta. "Fue asesinado por un asesino". En el ataúd había un cadáver con ropas funerarias, pero el rostro estaba oscurecido».

Aquí tenemos un claro ejemplo de un sueño premonitorio, donde el presidente soñó con su propia muerte de una forma clara y rotunda, y a pesar de ello no pudo evitar su muerte.

No daré en este caso un ejemplo en particular, pero antes del atentando de las torres gemelas el 11 de septiembre del 2001, muchas personas de todo el mundo confesaron que antes del atentado habían tenido sueños angustiosos donde se veían personas cayéndose desde un edificio, aviones que se estrellaban, mucha gente muerte y herida etc. Son sueños que muchas personas pudieron tener, pero que no fueron capaces de identificar con el atentado concreto, ya que era algo demasiado general para poder advertir de nada, y solo al ocurrir el atentado se dieron cuenta de que tenía que ver con ello.

Otro suceso le ocurrió a Marta Ionela Dima, una empleada mía que trabaja como química en el laboratorio que tengo en Tomelloso. Una mañana me llamó diciendo que había soñado que unos ladrones rompían el cristal de una de mis tiendas y entraban a robar. Colgué el teléfono, y a los pocos minutos me llamó una de las encargadas de la tienda que tenemos en la zona de Bravo Murillo, en Madrid, diciéndome que la puerta estaba forzada y con el cristal roto. Marta había tenido un sueño premonitorio, cosa que me confesó después que le ocurría habitualmente, pero que no solía contar a nadie. Conmigo sintió la confianza de hacerlo porque sabía que yo iba a valorarlo y tomarlo en cuenta.

En mi caso os daré un ejemplo de este tipo de sueños. Me gusta resaltarlo, dado que el periodista español especializado en economía Carlos Salas, que entre otros cargos ostentó el de director de lainformacion.com, lo mencionó en su blog zoomboomcrash.

Uno de los sueños que le conté lo relata así en su blog:

«Una de las predicciones que me dijo antes de despedirnos fue que al final de este año iba a pasar algo muy gordo. Por eso me acordé hace dos semanas de esta predicción, cuando la huelga de los controladores ha sido lo más gordo que ha sucedido a este país. ¿Gordo? ¿He dicho gordo? Es precisamente eso lo que le ha hecho famosa. Pues este 22 de diciembre, vi en televisión que ella era la médium que había protagonizado una historia con el premio gordo de Navidad. El establecimiento de venta de lotería de Alcorcón le pidió que atrajera energías positivas. Lo hizo y... ¡zas! Ese establecimiento había vendido parte del gordo de Navidad».

Esto que relata Carlos Salas sobre lo que le conté acerca de algunos de mis sueños adivinatorios, cuando me hizo la entrevista meses antes de que nada ocurriera, son claramente sueños de tipo premonitorio. En ellos, después de soñar y analizar varias veces lo que veía mientras dormía y las sensaciones que me quedaban al despertar, legaba a la conclusión de que algo «gordo» pasaría en España, y que a mí, en primera persona, también me influiría. No pude identificar exactamente el qué, porque en el sueño no aparecían escenas completas, sino algunas imágenes, símbolos, sentimientos y sensaciones que me hicieron llegar a esta conclusión y estar alerta. Al despertar, generalmente analizo el sueño en su conjunto y al respecto de las circunstancias que a mí me han llevado a tenerlo. Es fundamental, al observar un sueño, tomar en consideración el contexto de cada una de las imágenes, del escenario donde puedan presentarse y de la persona que ha tenido el sueño. No existen reglas inmutables para interpretar un sueño, y no siempre los sueños son tan claros como para identificar al completo lo que puede ocurrir. Esto lo explica maravillosamente en su libro Artemidoro de Éfeso, gran interpretador de sueños del siglo II d.C., que nos dejó uno de los manuales de oniromancia más importantes de legado griego, y que aconsejo leer.

Sueños precognitorios

Son sueños que nos avisan de algo que va a ocurrir en un futuro, como un tipo de premonición. Sin embargo, a diferencia de un sueño adivinatorio espontáneo, existe un hecho que ha ocurrido con anterioridad y que tiene que ver con el sueño, que nos ha permitido obtener esta información.

Por ejemplo: un día, al subir por una escalera, notamos que la barandilla de la escalera del edificio está floja. No le damos importancia, pero este hecho se queda grabado en nuestro inconsciente. Por la noche, al acostarnos, soñamos cómo un vecino sube por esa escalera y, al agarrarse a la barandilla, esta cede y se rompe, provocando que la persona que se había sujetado caiga al vacío. Pasados unos días esto ocurre de verdad en la vida real, y un vecino tiene un accidente subiendo por las escaleras por culpa de la barandilla. Nuestro sueño nos advierte del accidente, pero antes hay un hecho que tiene que ver directamente con lo que ha ocurrido y que ha provocado que tengamos ese sueño.

Pondré otro ejemplo, que me ocurrió a mi personalmente. Además, como curiosidad, diré que me pasó cuando estaba escribiendo este libro.

Hace unas semanas viajé a Lisboa con mi marido Javier. En el trayecto en coche aproveché para ir leyendo los apuntes sobre el análisis que durante bastante tiempo de mi vida he ido haciendo sobre mis sueños, los de consultantes que he tenido y las conclusiones que he sacado de libros de otros autores para ayudarme en esta labor. Este trabajo lo he ido haciendo porque siempre me inquietó y tuve interés por el mundo de los sueños. He de decir que mi madre era una vidente onírica impresionante, y mi hermana lo es de igual manera. Ha sido costumbre en nuestra casa hablar de los sueños y muchas veces analizarlos juntas, pero nunca imaginé escribir un libro sobre los sueños hasta que me propusieron hacer este libro de forma casual, y eso a pesar de que tengo publicados otros libros sobre tarot, magia ritual, buenaventura gitana, etc.

No se si exactamente por lo sensible que estaba en este momento especial, al estar tan enfocada con el tema de los sueños, o porque forma de parte de mis sueños —cada vez más habituales— de origen premonitorio, la cuestión es que al día siguiente de llegar a Lisboa íbamos a ir a un mercado de antigüedades de allí, que se llama Ladra. Ya hemos estado otras veces y nos encanta visitarlo, aunque no siempre encontremos tesoros. La noche anterior a visitar el mercadillo, ya en Lisboa, me desperté a medianoche y le dije a mi marido Javier: «Tenemos que ir después del mercadillo a ese lugar que me trajiste en el primer viaje, donde había muchos libreros. Sé que vamos a encontrar algo muy interesante para nosotros relacionado con la baraja (mi marido es el director del Museo de la Baraja y el Tarot en Madrid, y yo soy la presidenta: somos apasionados coleccionistas e investigadores del naipe).

A él le extrañó que yo quisiera volver a ese lugar, pues solo habíamos estado una vez y no había despertado especialmente mi interés, pero cuando le dije que había tenido un sueño, sin dudarlo me dijo que sí. Digamos que ya sabe lo que pasa cuando yo suelto esa frase, y está acostumbrado a que ocurran las cosas que yo le relato sobre mis sueños.

En el sueño que tuve me veía en una librería de viejo, que yo reconocía como una de las de aquella zona que visité cuando fui por primera vez a Lisboa. El librero me sacaba de una caja un naipe muy luminoso. Al despertar me levanté con esa sensación de que era un sueño que se convertiría en realidad, y por eso le pedí a Javier que me llevara.

Al día siguiente, tal y como habíamos planeado a media-noche después de mi sueño, una vez visitamos Ladra nos dirigimos a la zona de los libreros. Una vez allí yo le dije a Javier que prefería quedarme sentada en una cafetería, y que fuera él y preguntara. Por qué hice eso no lo se, pero mi instinto me dijo que debía quedarme allí. Pasada una hora más o menos Javier apareció con una señora. Él comentó que era la dueña de una librería que visitaba antiguamente, y que antes estaba atendida por el padre y el hermano de esta señora. Ella se llamaba Teresa Margaride. En ese momento Javier me dijo: «Te traigo algo que quizá pueda interesarnos». Lo que me enseñaron fueron unas cartas manuscritas con unos naipes dibujados a mano. Por lo visto eran las misivas entre una condesa de Lisboa y un ilustrador inglés. Nosotros no sabíamos exactamente lo que era, pero nos gustó, y aunque no sabíamos lo importante que era nos dejamos guiar por mi sueño, negociamos el precio y se la compré. Después le dije a Margaride: «Te la he comprado porque anoche tuve un sueño», y le conté la historia.

Parte de la carta manuscrita encontrada con dibujo
del naipe

Nos quedamos Javier y yo a solas, y de repente Javier
recordó que le sonaban los naipes que iban dibujados en
esas cartas. Llamó a un amigo para que mirara en un libro
que escribió Jean Verame sobre naipes y... ¡*voilà*! Eran los
dibujos originales de una de las barajas más bellas jamás
publicadas.

En este sueño podemos ver otro claro ejemplo de sueño precognitorio, ya que aunque el sueño fue la imagen de algo futuro que iba a ocurrir, este hecho lo desencadenó el estar en Lisboa e ir preparados para buscar una baraja en el mercadillo. Mi inconsciente, al estar en Lisboa e ir a buscar naipes, activó el recuerdo de mi paso por aquellas librerías, y todo lo demás fue un desencadenante onírico.

Sueños inducidos

Son sueños provocados expresamente para obtener una información concreta a través de ellos.

Este ejemplo también lo reflejó Carlos Salas en su blog. Se lo conté precisamente porque estaba relacionado con la economía y como ejemplo de otros de mis sueños predictivos. Le relaté que, tras la visita de un consultante que habitualmente me visitaba y que jugaba en bolsa, este me preguntó cómo podía saber en qué invertir exactamente. Yo le dije una fórmula para que tuviera un sueño, y en él poder ver qué debía hacer (en la sección de este libro dedicada a la incubación y los sueños provocados puedes leerlo). A los pocos días, este señor volvió a venir y me contó que había tenido un sueño donde veía que se despeñaban muchos coches. Yo le dije entonces: «Debes vender todas las acciones de empresas de coches». Así lo hizo, y la semana después la empresa de coches en la que el señor era accionista se hundió en bolsa.

Sueños sexuales

Hasta no hace tanto se consideraba tener estos sueños como un pecado, provocados por el diablo. La causa de esto son las ideas que la Iglesia Católica y el resto de las religiones nos han querido imponer. Pero el sueño sexual va mucho más allá, y se aleja generalmente de estas consideraciones negativas.

Este tipo de sueños pueden expresar varias cosas: deseos sexuales que no hemos sido capaces de llevar a cabo en la vida real, deseos reprimidos en general que se expresan a través de sueños relacionados con el sexo, acciones sexuales que nos gustaron mucho y que queremos repetir, el deseo de tener contacto sexual con personas de nuestro mismo sexo, el deseo de mantener relaciones sexuales con varias personas a la vez o con personas con las que nunca hemos tenido nada en la vida real, etc. Pero también pueden ser sueños donde se representen nuestras frustraciones sexuales, miedos o daños que deriven de una relación abusiva que alguien haya tenido hacia nosotros, o de conceptos arcaicos inducidos por las personas de nuestro entorno. Cuando estos sueños surgen debemos saber pedir las ayudas adecuadas a profesionales preparados para esto, y así poder superar estos hechos traumáticos.

En todo caso, los sueños sexuales pueden ser muy divertidos, y a través de ellos podemos abrir nuestra mente hacia la visión que tenemos del mundo y de cómo relacionarnos. Pueden darnos libertar y sobre todo conocimiento de lo que nos gusta o apetece hacer y por qué. No siempre un sueño sexual se tiene que llevar a la realidad, ser una representación de quiénes somos realmente o que queramos llevar esa acción a la vida real; a veces simplemente son una historia alegórica de nuestros deseos más profundos, que representan la idea de quitarnos ciertos corsés en diferentes temas de nuestra vida, actuando así con más libertad, sin complejos y sin tener que estar bajo la mirada de aquellos que nos critiquen.

Sueños inversos

son sueños en los que aparece una información totalmente contraria a lo que pensamos, a lo que somos, a nuestros conceptos religiosos, a nuestra forma de ver la vida, a nuestra forma de relacionarnos, etc. Muchas veces, tener estos sueños son un indicativo de que hay algo dentro de nosotros que nos está diciendo que estamos equivocándonos o cometiendo un error, y que debemos reparar para avanzar.

Son también sueños que lo que vemos en ellos luego se dan en la realidad como si fuera un sueño premonitorio, pero ocurriendo totalmente lo contrario a lo que hemos soñado.

Por ejemplo, un amigo mío se iba y quería hacerle de regalo un viaje sorpresa a su mujer. Llevaban un año sin viajar, y por una cosa o por otra ya se le había anulado el viaje dos veces. Quedamos a tomar café y me lo contó para que le ayudara a prepararlo; lo organizamos todo, y en pleno proceso me dijo que no se encontraba bien y que había soñado que el vuelo donde viajaban no salía y no podían marcharse. Recuerdo que me hizo que se lo mirara en las cartas, y yo le dije que no se preocupara, que sí harían el viaje y les saldría muy bien. Efectivamente, viajaron sin ningún problema, y es más, fue un viaje fantástico. El sueño que tuvo fue un sueño inverso, posiblemente provocado por el temor a que ocurriera como las dos veces pasadas en las que se le había truncado el viaje. Es importante analizar bien estos sueños y detectar si parten de un miedo o una influencia externa, ya que pueden provocarnos una sensación equivoca y desencadenar algo negativo para nosotros, cuando simplemente son la expresión de algo.

Sueños provocados y sueños lúcidos

Debido a que el próximo capítulo lo dedico casi en su totalidad a describir y dar algunos consejos para este tipo de sueños, solo los dejo aquí enumerados, pudiéndolos estudiar con más profundidad en el siguiente capitulo.

Incubación y sueños lúcidos

Cuando hablo de lúcido me estoy refiriendo a la «luz», a esos sueños que nos aportan claridad para ayudarnos a actuar en nuestra vida diaria.

Yo distinguiría dos tipos de sueños lúcidos: aquellos en los que tú eres consciente de que estás soñando, en los que de alguna manera puedes actuar de manera voluntaria dentro de tu sueño, y los otros sueños en los que obtienes información que te aporta un beneficio para ayudarte en tu día a día, ya sea de forma genérica o en un tema concreto. Estos últimos son los que vamos a abordar en este capítulo, dando una técnica para que puedas practicarlo.

Para tener este tipo de sueños antes tendríamos que pasar por una incubación del sueño. A continuación explico lo que es:

Íncubo viene del latín incubatio: in + la raíz cub (que significa «estar acostado» o «acostarse»). También, cuando pensamos en que algo se está «incubando» es que algo se está calentando para desatar algo, como la gallina que incuba el huevo para que luego salga el pollito.

Es precisamente esto lo que hacemos cuando practicamos la incubación en el sueño: preparamos nuestra mente y nuestro espíritu para que a través del sueño obtengamos un beneficio consciente.

Aunque parezca una idea novedosa, la verdad es que egipcios, romanos, griegos y muchas tribus por todo el mundo lo practicaban y lo siguen practicando. Los griegos, por ejemplo, hacían ciertos rituales que conllevaban desde ofrendas, ayunos y hasta sacrificios animales para conectar con los dioses, por ejemplo en el templo Askepeions, dedicado a Asklepio, dios de la medicina. Entraban en el santuario y se acostaban a dormir encima de la piel del animal sacrificado o envueltos en unas mantas las noches necesarias hasta que se les revelara la solución a su problema o enfermedad. Culebras no dañinas (zmenis longissimus) reptaban entre ellos (la serpiente como representación de regeneración: la famosa vara de Esculapio que podemos ver en muchas farmacias y que representa la profesión médica, proviene precisamente de este dios). Muchas veces el sueño, que era la terapia central para encontrar el remedio, era provocado por medio de pócimas, bebedizos, quema de esencias, trances hipnóticos, etc. Una vez el soñante había tenido la revelación, los sacerdotes interpretaban el sueño alegórico para encontrar la solución final al problema. Actualmente también encontramos ejemplos de investigaciones que se están llevando en diversas universidades muy famosas. Deirdre Barrett, profesora de psicología en la Universidad de Harvard y autora del libro El comité del sueño realizó un experimento para ver si era posible encontrar soluciones a problemas de la vida diaria a través del sueño. Para ello utilizó a setenta y seis alumnos, cada uno de los cuales eligió un tema que le preocupaba y del cual necesitaba una solución. La noche antes a la práctica asistieron a una conferencia en la que se hablaba de las investigaciones y trabajos que se habían llevado a cabo sobre la solución de un problema en los sueños. Esto incluía una descripción detallada de las técnicas de incubación de Dement (1974), Garfield (1974), Reed (1976), Delaney (1979) y Schatzman (1983). Se practicaron ciertas técnicas de incubación todas las noches durante una semana, y el resultado genérico fue que la mayoría de ellos encontraran claves en sus sueños —de manera metafórica en muchos de ellos— para ayudarse en el problema que había planteado. Quizás estas soluciones ya estaban instaladas en su inconsciente y se hacían presentes cuando la persona se hacía cargo del problema y realmente quería buscar una solución, mostrándose esta a través de su sueño. Pueden ver el articulo completo del 25 de marzo del 2016 en: https://realidadtrascendental.wordpress.com.

Hay muchos ejemplos en la historia de personajes relevantes que dicen haber descubierto soluciones a través del sueño. Por ejemplo, Plinio el Viejo en su Historia Natural dice que a través de un sueño descubrió que la raíz de la rosa curaba de la hidrofobia. En el artículo anteriormente citado se nos dice que «los casos más famosos y controvertidos son los del químico Kekulé, quien informó que su trabajo (ganador de un premio Nobel) sobre la realización de la estructura molecular del benceno se produjo después de soñar con una serpiente agarrando su cola en la boca (Ramsay y Rocke, 1984). Mendeleev describe que soñó la tabla periódica de los elementos en su forma completa (Kedrov, 1957, pp. 91-113). El experimento ganador del premio Nobel que demuestra la transmisión química de los impulsos nerviosos hacia el corazón de una rana fue concebido por Otto Loewi durante un sueño (Dement, 1974, p. 98). Inventos tan variados como la máquina de coser con aguja de Elias Howe (Kaempffert, 1924. p. 385) o el cañón antiaéreo controlado por ordenador de JB Parkinson (Fagen, 1978, p. 135) han sido concebidos en sueños. William Blake dijo que su hermano muerto le informó por por medio de un sueño acerca de una nueva manera de grabar sus canciones ilustradas, encontrando que funcionaba bien (Diamond, 1963, p. 17). Coleridge (1895) afirma en el prefacio de Kubla Khan que el poema apareció completo en un sueño inducido por el opio, y Robert Lewis Stevenson (1925) soñó las dos escenas clave de su novela El Dr. Jekyll y Mr. Hyde. Varias piezas musicales fueron escuchadas por sus compositores en sueños, entre ellas El trino del diablo de Tartini (Ellis, 1911, p. 286) y La consagración de la primavera, de Stravinsky. El académico Herman Hilprecht soñó que un sacerdote asirio vino a él y le reveló la traducción exacta de la piedra de Nabucodonosor (Van de Castle, 1971. p. 1)».

Y ya sin más dilación, os enseñaré una técnica para practicar la incubación y poder tener un sueño lúcido.

Aunque no se sigan rutinariamente los hábitos para tener un buen descanso que explico en el próximo capítulo, titulado Formas de dormir, es importante que los días anteriores a aquellos en los que se vaya a practicar la incubación, se realicen al menos durante una semana continuada.

Partiendo desde aquí:

1. El día que vayas a practicar la incubación, escribe por la mañana en un papel blanco con tinta negra exactamente cuál es tu problema y por qué no encuentras una solución, o por qué las soluciones que estás aplicando no surgen efecto. Es importante —por lo menos al principio de practicar la incubación— que plantees un problema especifico.

2. Después de escribir el papel con tu problema, te tumbarás o sentarás en un lugar cómodo, cerrarás los ojos, y comenzarás a respirar haciéndote consciente de cada inhalación y cada exhalación; unas veinte respiraciones de forma lenta. A continuación, visualizarás en tu mente durante no más de cinco minutos una escena o varias, en la que esté presente el problema concreto del cual quieres obtener ayuda. A continuación, abrirás los ojos y dirás: «HOY ENCONTRARÉ LA SOLUCIÓN». Cerrarás los ojos y los volverás a abrir, repitiendo lo mismo.

3. El papel donde hayas descrito tu problema, lo esconderás debajo de la almohada y escribirás en un nuevo papel en blanco con bolígrafo rojo una pregunta concisa sobre el problema que tengas. Mirarás

fijamente la pregunta durante treinta segundos más o menos. Doblarás el papel y lo llevarás contigo escondido en una prenda interior (calcetines, medias, sostén, etc.) durante todo el día, en el que desempeñarás tu tarea o trabajo de forma normal.

4. Compra esencia o incienso de verbena para quemar, y unas hojas de laurel.

5. Dirígete a la cama al menos veinte minutos de la hora habitual en la que duermes. Antes de tumbarte, enciende el incienso o quema la esencia de verbena, impregnando toda la habitación con este aroma. Entre otros rituales para obtener un sueño premonitorio Celestín de Mirbel, en su libro del año 1667, nos dice: «He leído que el perfume compuesto de semillas de lino y raíces de violeta hacía tener sueños, los mismo que el que se hace con semilla de adormidera negra y raíces de mandrágora y de mirra. Los hay que se aplican a la frente, manojos de una hierba llamada verbena, otros se ponen laurel detrás de la cabeza...». A continuación, cierra la puerta de tu habitación y pon las hojas de laurel y el papel con la pregunta que formulaste por la mañana y llevaste dentro de tu ropa interior, debajo de la almohada donde vas a posar la cabeza al dormir. Túmbate en la cama, asegurándote que nadie ni nada te va a molestar en tus horas de sueño.

De certaines *observations* &
ceremonies pour exciter
les songes.

CHAP. VIII.

POur recevoir des revelations & faire des songes qui fuffent vrays, quelques-uns ont ufé de preparation. I'ay lû que le parfum compofé de graine de lin, &c

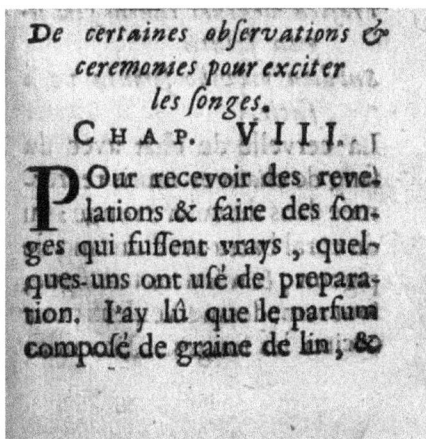

6. Lee la siguiente frase: «Me entrego absolutamente a mi sueño; el me revelará aquello que estoy buscando (visualiza una imagen o escena que tenga relación con el problema que quieras resolver). Convencido de ello, en unos breves momentos me iré a dormir, me entrego sin temor y con convencimiento. Mi inconsciente me hablará, mi consciente me lo hará saber y yo sabré como actuar».

7. Observa todo lo que tienes a tu alrededor, cada detalle de tu habitación, y obsérvate a ti mismo: saborea, huele, siente, oye, percibe todo, agudiza sus sentidos como si una puerta dentro de ti se abriera, dispuesta a recibir sensiblemente todo lo que te rodea y todo lo que eres.

8. Apaga la luz de la habitación, cierra los ojos y visualiza aquello que quieras alcanzar, sea lo que sea. Puede ser la solución a un problema, aprobar un examen, conseguir ascender de trabajo, tener una mejor

relación con tu pareja etc. lo importante es que intentes ver una escena donde el problema ya esté resuelto o algo simbólico a esto.

9. Comienza a respirar haciéndote consciente de cada inhalación y de cada exhalación, unas veinte respiraciones de forma lenta. Siente que cada vez que expulses el aire en paralelo se están marchando tus preocupaciones, cargas y estrés, como si te fueras desinflando y cada vez te sintieras más ligero.

10. Haz una pregunta concreta. Realízala consciente de lo que quieres realmente saber y para qué te va a ayudar esa información. Muchas veces no obtenemos las respuestas porque nos da miedo saberlas, por eso es importante que tengamos esto claro.

11. Repite la pregunta tres veces y a continuación di: «En mis sueños estará la solución; mañana despertaré y la sabré». Repítelo cinco veces.

12. Duerme, duerme, duerme, y mañana al despertar acuérdate de lo que soñaste; allí está la solución.

No te desesperes si no logras obtener la información en tu primera incubación; a veces hay que repetir este proceso varias veces. También debes estar alerta en los días que practiques la incubación; quizá no obtengas la respuesta al despertarte instantáneamente, pero puede ser que durante el día te venga a la mente una frase, una imagen o una señal que te dé la solución.

Este ejercicio adaptado te puede servir también para provocar sueños telepáticos o ayudar a tener claridad, por ejemplo para el día de un examen.

Formas de dormir

Si vivir es bueno, es mejor soñar, y mejor que toda madre, despertar.

ANTONIO MACHADO

Sin pasar por complicadísimos rituales ancestrales, sí me gustaría darte unas pequeñas pautas para dormir mejor, que es para mí la única forma en que deberíamos hacerlo. Además, a la vez de dormir, tener sueños fructíferos y despertarnos con una mente limpia y clara, dispuesta a obedecernos y a hacer que tengamos un día a día fantástico.

Vamos a la cama, que hay que descansar... para que mañana podamos madrugar... Seguro que te suena esta cancioncilla, que como un mantra oíamos cada noche antes de dormir, embobados mirando la televisión, mientras nuestros padres nos enviaban a la cama. Los personajes de la familia Telerín iban en fila, felices y contentos, canturreando a la cama, con sus pijamas, bien aseados, con una sonrisa de oreja a oreja y en fila con un orden casi militar.

Aunque esto solo sean dibujos, esta imagen muestra fielmente cómo nos tendríamos que disponer a ir a la cama.

Orden en nuestros hábitos

Nuestra mente y nuestro cuerpo se acostumbra rápidamente al orden, y aunque al principio cueste un poco, después lo agradecerás. Esto no quiere decir que sea un orden estricto, pero sí mantener al menos algunas buenas costumbres saludables. Esto al final no es otra cosa más que dedicarte un poco de tiempo a ti, que eres quien más lo mereces. Te dejo algunos consejos: desconectar el teléfono móvil, dormir al menos ocho horas diarias, intentar no irnos excitados a la cama por acontecimientos como peleas, no tener cosas alrededor de nuestra cama que nos disturben o molesten, no ver películas de alto impacto antes de ir a la cama, acostumbrarnos a dormir sin ruidos, músicas o programas de fondo, que aunque no lo creas terminan metiéndose también en nuestros sueños; y bueno, si lo que se introduce en una isla paradisiaca con una agradable compañía, la cosa tendría un pase, pero os aseguro que lo que se oye a las tantas de la madrugada en la televisión o en la radio no suele ser eso. Puede pasar algo parecido a cuando se nos introduce el despertador en sueños y parece imposible apagarlo: ese ruido nos tamborilea en la cabeza todo el día. También beber una infusión relajante, por ejemplo, de manzanilla o frutas. Ahora tenemos una variadísima oferta, que puede ser deliciosas para todos y además te irás con un buen sabor de boca a disfrutar de tus sueños.

Aseados y cómodos

Es fundamental tener higiene mental pero también física. No hay que olvidar que el cuerpo es el templo del alma. Irnos a la cama cómodos y con una sensación de bienestar con nuestro cuerpo físico es fundamental para un buen descanso. Si además tenemos una cama cómoda, con unas sabanas suaves y bien hecha, disfrutarás el doble.

Relajación mental y física

Sí, sí, sí... Sé que es pesadísimo ponerse a hacer día a día una ceremonia para ir a dormir, pero realmente no hablamos de hacer nada complicado que no hagamos de forma errónea cada día. Es decir: todos los días nos acostamos en la cama y comenzamos a darle mil vueltas a las cosas que nos han ocurrido en el día. Finalmente caemos rendidos, cargados de esa información de la que nos cuesta desapegarnos.

Prueba para realizarlo de esta manera: una vez te tumbes en la cama, respira unas cuantas veces profundamente, con los ojos cerrados, y visualiza cómo las preocupaciones que tienes en ese momento salen de tu cuerpo y te dicen adiós con la manita. Después cuenta hasta diez, imaginando un paisaje que te agrade. Si además poquito a poco comienzas a aprender alguna técnica de meditación, te sentará fenomenal y te ayudará durante todo el día.

Test de los sueños

Con el siguiente test vamos a ayudarte a analizar tu sueño, y en paralelo a analizarte a ti mismo. Antes de hacerlo me gustaría que tuvieras en cuenta lo siguiente:

— El test es una guía, una herramienta más para ayudarte, pero puedes añadirle más preguntas, amoldarlo a ti, ayudarte de otros test y libros de análisis de sueños, etc. Esto se trata de ti, entorno a TI gira todo este manual. Y tú eres lo más importante, a quien te debes dedicar en primer lugar y a quien más importancia le tienes que dar en tu vida. Recuerda que eres libre, y esa libertad te da todo para ir hacia donde desees.

— Un sueño nunca es erróneo; el error es no saber analizarlo correctamente. Lo primero que debemos es entender es que es un símbolo de las realidades interiores que hay que descubrir. Debemos saberlo poner en el contexto que merece, y conocer a través de la experiencia y el análisis constante de nosotros mismos qué nos quiere transmitir. La experiencia y nuestro propio diccionario de sueños nos darán las claves para una buena interpretación.

— Interpretar el sueño desde lo último que hemos soñado hacia lo primero, ya que como hemos visto en las fases del sueño, las primeras imágenes, al no estar en un contexto concreto y no formar parte de la trama de una historia, pueden llevarnos a confusión.

— Es posible que cuando soñemos, aparezcan escenas de acciones que despierto nunca haríamos. Aristóteles decía que esto ocurre porque el alma ha perdido la capacidad de distinguir el bien del mal. Quizás son deseos reprimidos o actos socialmente mal vistos, pero que de alguna manera han quedado registrados en nuestro inconsciente y podemos desarrollar a través del sueño. Si al despertar te sientes mal porque crees que lo que has soñado es «negativo», simplemente analiza por qué crees que has soñado eso, si realmente era para ti un deseo de algo que quieres hacer en la realidad y se ha quedado reprimido, o simplemente es un acto que se ha reproducido en tu sueño, por algo de ese hecho que te impactó cuando lo viste o supiste de ello. Si realmente llegas a la conclusión de que es algo que de verdad quieres hacer en tu vida real, es importante que sepas distinguir si ese acto merecerá la pena en tu vida y no afectará negativamente a nadie, si no traspasarás ninguna barrera que no debes traspasar. Si se convierte en algo irrefrenable que crees que se te escapa de las manos, consulta con un especialista que pueda ayudarte a analizarlo.

— Cuando en sueños hacemos lo contrario a lo que hacemos habitualmente en nuestra vida despiertos, el sueño nos está transmitiendo que hay un anhelo de hacer las cosas de otra forma a como las desarrollamos normalmente. Por ejemplo, si eres una persona moderada que normalmente te callas ante la opinión de otros y en el sueño haces lo contrario —es decir, protestas y entras en debate—, el sueño te está transmitiendo que tienes el deseo de participar más y entrar en esas conversaciones, pero que por algún motivo no lo haces. Debes llegar a saber cuál es ese motivo, analizando la situación cuando estés implicado en ella.

— Cuando en un sueño se repite algo constantemente, es un indicativo de que debemos prestar atención a algo de lo que no queremos tomar consciencia. También, si es referente a algo que estás desarrollando a nivel laboral, artístico, de estudios, etc., puede ser el indicativo de una gran vocación que tienes y no desarrollas, o de que no lo estás haciendo adecuadamente.

— Los sueños en los que soñamos con alguien muerto, aunque creamos que simplemente sea un deseo personal de volver a contactar con esa persona porque la echemos de menos, deben tomarse muy en cuenta, porque la información que nos da la persona fallecida puede ser importante para nuestra vida: desde algo que se quedó a medias con la persona soñada y que está en nuestro inconsciente, pero no recordamos, hasta una revelación o consejo que nos daba en vida y que ahora puede volver a serte útil.

— Si te obsesionas con un sueño puede que se cumpla. Sé consciente de lo que deseas.

Test para el análisis de un Sueño

1-¿Cómo se sentía antes de irse a dormir ayer?

A. Relajado
B. Excitado
C. Preocupado
D. Triste
E. Alegre
F. Pensativo

¿Toma algún medicamento u otra sustancia que le induzca a dormir?

SI   NO

2-Al despertarse, ¿que sensación ha tenido?

Describa con una frase lo que ha sentido al despertarse.

A. Positiva
B. Negativa

A. Inquieto
B. Temeroso
C. Alegre
D. Pacífico
E. Nervioso

3-¿Por qué ha decidido analizar este sueño?

4-¿Tiene relación este sueño con otros que haya tenido?

SI   Si la respuesta ha sido SI. Descríbalo y diga con cual otro tiene relación.
NO

5-¿Hay algo que le inquiete especialmente estos días? ¿Qué?

-¿Lo relacionaría con el sueño que ha tenido hoy? ¿Por qué?

-Lo que ha visto en el sueño, ¿ lo relacionaría con algo de su vida?

Haga una breve descripción.

A. No le encuentro ninguna relación.
B. Tiene relación con algo del pasado.
C. Es un deseo, pero nunca lo he cumplido.
D. Lo relaciono con algo que me está pasando en estos momentos.
E. Me suena, pero no sé qué.

6-¿Que color resalta más en su sueño?

7-¿Hay alguna parte del sueño que le haya llamado la atención?

SI   Resuma brevemente el qué y por qué.
NO

8-¿Hay algún símbolo o número que destaque en su sueño?

SI   Si la respuesta ha sido SI. Escriba cual.
NO

9-¿Es consciente de si alguna parte del sueño representa algo de su vida real?

SI   Si la respuesta ha sido SI.
NO   Resuma el qué.

10-¿Va a ocurrir algún acontecimiento que le inquiete?

Si la respuesta ha sido SI. Resuma el qué.

SI
NO

11-Si echa de menos a alguien o algo, escriba aquí, a quien, o a qué.

-Si se ha muerto alguien importante para usted hace poco, escriba aquí quien.

12-¿Padece alguna enfermedad?

SI
NO

-¿Si su respuesta ha sido SI. Escriba cual.

-¿Qué sentimientos le hace tener o qué provoca en usted?

www.laordendeayala.com

Una vez hayas realizado el test, te proponemos unas preguntas que son a las que debes dar respuesta con las contestaciones que has dado. Todo esto te dará una visión general del sueño que has tenido, un primer análisis y guía de actuación.

1 - ¿Cómo eres?

Todas las respuestas de esta prueba y de otras muchas que deberás ir haciendo si deseas autoanalizarte y analizar bien tus sueños, destacarán algo de tu personalidad, cómo afrontas la vida y cómo eres realmente. Te aconsejamos que en cada respuesta de las que ahora te proponemos, pongas una palabra o frase corta que te identifique. Por ejemplo, en la primera pregunta del test: «¿Cómo te sentías antes de irte a dormir ayer?» Te preguntan si te sentías preocupado y si tomas algo para descansar mejor. La respuesta corta, por ejemplo, podría ser: inseguridad. (Destacaría de ti que tus preocupaciones te las llevas a todos los ámbitos de tu vida, y que también las arrastras a tu momento de descanso, llegando al punto de que incluso tienes que tomar medicamentos para conseguir dormir; no tienes seguridad para poder llevar a cabo la solución de un problema). Una vez analizado el problema y siendo consciente de él, y de cómo actúa tu carácter ante él, ahora puedes solucionarlo. Para ello, por ejemplo, las preguntas 5, 6, 7 y 8 te ayudarán a buscar esta solución. Un ejemplo sería que si en la pregunta 5 has contestado que llevas un tiempo mal en el trabajo, en la 6 destacara el color rojo, que habla de tu impulsividad y prisa, en la

7 te llamara la atención la imagen del dinero, y en la 8 el símbolo que destacara fuera, por ejemplo, el logotipo de una empresa que te gusta. Con todo ello, por ejemplo, lo que querría decirte tu sueño es que te inquieta tu trabajo, y que para resolver tu estado laboral debes buscar un cambio hacia una empresa que te agrade más y mejore tus condiciones económicas, pero debes hacerlo pacientemente, sin desesperarte.

2 - ¿Qué buscas o deseas en la vida?

Las preguntas 3, 4, 7, 8 y 11 te pueden ayudar a desvelar estas preguntas. En la 4, por ejemplo, si tu respuesta es SÍ, y lo que coincide es que ves constantemente dinero en tus sueños, te podría estar hablando de que tu deseo es mejorar económicamente y tener más ingresos. En la 11, si contestas que echas de menos a alguien y esa persona es tu madre fallecida, un ejemplo de lo que desearías en estos momentos sería sentirte protegido y estar cerca de una persona que te dé amor y cariño. Aunque tu madre sea la persona que represente estos atributos, lo podrías buscar en una pareja.

3 - ¿Qué tienes realmente?

Las preguntas 5, 9, 10 y 12 te ayudarán a saberlo. En este caso, si en la 5 relacionas el sueño con una relación que se ha roto y en la 9 respondes que SÍ, el sueño que has tenido representa el dolor real por la pérdida de tu pareja, en la 10 que esa persona que has perdido la vas a ver pronto y en la 12 que estás padeciendo un estado de depresión. Lo que tu sueño te puede estar indicando es que no has superado la pérdida de tu pareja y que en estos momentos lo que conlleva esta situación es estar solo y triste. Además, te desvela que deberías enfrentarlo en tu próximo encuentro con esa persona, y si la ruptura no tiene marcha atrás, encarar tu nuevo futuro con seguridad, dando lo mejor de ti y buscando a una persona compatible contigo.

4 - ¿Qué te inquieta o atormenta?

La respuesta la obtendrás en las preguntas 2, 5, 7, 10 y 12.

5 - ¿Cómo sería para ti tener una vida plena?

Debes hacer aquí un análisis de las preguntas 4, 5, 7, 10, 11 y 12. Todas ellas en su conjunto destacan lo que rechazas de tu vida y lo que deseas realmente. Es decir, lo que resume para ti una vida feliz.

6 - ¿Qué me está indicando mi sueño en general y qué destaco del que me pueda ayudar a mejorar mi vida y conseguir mis propósitos?

Haz primero un pequeño resumen del test, de no más de 6 líneas; luego haz un resumen de las respuestas que has dado a estas preguntas. Suma a todo esto un pequeño resumen de lo que tú crees que simboliza tu sueño después de haber seguido todas las pautas que te indica este manual sobre el análisis. El conjunto de estos tres textos te dará tu primer análisis general del sueño y las primeras pautas a seguir para conseguir tus objetivos y una vida más plena.

Diccionario de sueños

Con todos los conceptos que hemos descrito a lo largo del libro, los ejemplos y el test, ahora os vamos a dar el **diccionario de sueños**, entendiendo que a cada imagen se le ha asociado un sentido o un significado general, que proviene de las manifestaciones culturales de la humanidad.

Una vez busques en el diccionario las imágenes de tu sueño, apunta el significado general de cada una de ellas. Lo siguiente que debes hacer es apuntar debajo de cada descripción general, el sentido que tú le das en particular. Para esto te ayudará la visión que te haya aportado el test. Así podrás hilar todo y comenzar a analizar qué puede estar transmitiéndote este sueño. Esa información debe servirte para encajarla en tu vida, viendo qué ha ocurrido en los sucesivos días al sueño, y así tener un análisis lo más cercano a la realidad. Esto puede irte ayudando en tu día a día para desenvolverte mejor y conseguir tus objetivos. Si analizas tu sueño a menudo conseguirás ir haciéndolo cada vez de forma más automática y te resultará mucho más fácil. ¿Sabes por qué? Porque el sueño no esconde nada, sino que en realidad te transmite quién eres tú de verdad, y cuanto más te conozcas más fácil será todo en tu vida.

Ahora te dejo un ejemplo como apoyo para analizar tu sueño: he cogido el arcano del tarot llamado «el papa». Tienes que imaginar que en tu escena onírica esto sería con lo que habrías soñado para ir entendiendo la fórmula que te propongo de análisis.

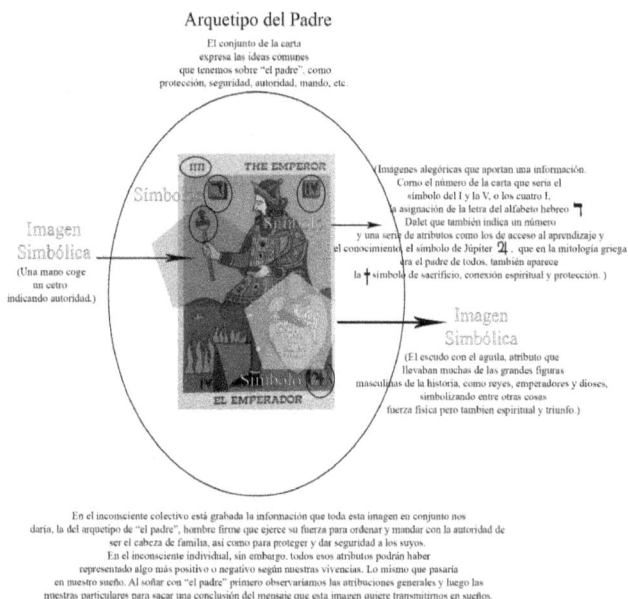

Arquetipo del Padre

El conjunto de la carta expresa las ideas comunes que tenemos sobre "el padre", como protección, seguridad, autoridad, mando, etc.

Imágenes alegóricas que aportan una información. Como el número de la carta que sería el «símbolo del I y la V, o los cuatro I, la asignación de la letra del alfabeto hebreo ㄱ Dalet que también indica un número y una serie de atributos como los de acceso al aprendizaje y el conocimiento, el símbolo de Júpiter ♃ , que en la mitología griega era el padre de todos, también aparece la ✝ símbolo de sacrificio, conexión espiritual y protección.)

Imagen Simbólica
(Una mano coge un cetro indicando autoridad.)

Imagen Simbólica
(El escudo con el águila, atributo que llevaban muchas de las grandes figuras masculinas de la historia, como reyes, emperadores y dioses, simbolizando entre otras cosas fuerza física pero también espiritual y triunfo.)

En el inconsciente colectivo está grabada la información que toda esta imagen en conjunto nos daría, la del arquetipo de "el padre", hombre firme que ejerce su fuerza para ordenar y mandar con la autoridad de ser el cabeza de familia, así como para proteger y dar seguridad a los suyos.
En el inconsciente individual, sin embargo, todos esos atributos podrán haber representado algo más positivo o negativo según nuestras vivencias. Lo mismo que pasaría en nuestro sueño. Al soñar con "el padre" primero observaríamos las atribuciones generales y luego las nuestras particulares para sacar una conclusión del mensaje que esta imagen quiere transmitirnos en sueños.

— **Astros**: si en tu sueño ves cómo se oscurecen, pierden su luz o se eclipsan, debes estar atento a tu energía y a tu salud física. Una revisión médica en estos casos siempre resulta apropiada. Si en el sueño ves que un astro se desplaza rápidamente o se mueve con ligereza, se aproximan cambios en tu vida. Si ves algún astro brillante y con toda su vivacidad, que se mueve suavemente, un enemigo desaparecerá de tu vida.

— **Amor**: si te sientes correspondido, obtendrás pronto una recompensa. Si te sientes rechazado, te cuesta llegar a tus objetivos por falta de entusiasmo bien tuya propia o del equipo con el que colabores. Si alguien que deseas te ama, tienes una oportunidad de realizar tu deseo; si por el contrario te rechaza, vas a encontrar muchos impedimentos en conquistar a esa persona, e incluso puede ser que esa persona ya ame a otro/a. Si sueñas que tienes un amante, vienen momentos de frustración que pueden hacerte sentirte mal durante un tiempo si no atajas el problema que te está causando esa frustración o daño de forma rotunda.

— **Aguja**: también cualquier tipo de pincho. Si la buscas con desesperación es que estás en un camino sin salida, y debes buscar otras alternativas en tu vida. Si te pinchas con ella, te indica que debes estar más alerta y atento a lo que ocurre a tu alrededor, sobre todo respecto a los tuyos.

— **Ancla**: esperanza para ti. Terminarás llegando a buen puerto.

— **Anillo**: próxima asociación. Encontrarás pareja o te casarás; también puede que lleves a cabo una alianza positiva con alguien.

— **Árbol**: si están en un bosque frondoso, donde tienes la sensación de estar perdido, significa que tienes temores a que las cosas que te están agobiando ahora, sobre todo económicas, no se resuelvan. También sentimiento de soledad y desprotección. Si te encuentras cobijado bajo su sombra, estás bastante protegido y disfrutarás de una buena salud. Si por ejemplo estuvieras pasando una enfermedad y soñaras con esta escena, o estuvieras cerca de un árbol sano y robusto, es que pronto sanarás.

— **Armas**: si las sujetas con tus manos en posición de defensa, es que estas demasiado a la defensiva en tu vida. Si en el sueño tienes deseo de comprarte una o la ves cerca, es que necesitas protección, sobre todo económica y personal. Si disparas un arma es que de alguna forma te has liberado o te vas a liberar de algo que te estaba provocando bloqueos y miedos.

— **Ataúd**: si estas dentro de él, es que estás pasando por un proceso de transformación que será positivo para ti. Si el ataúd aparece cerca de ti, es que algo finalizará en tu vida. Si aparece alguien dentro, puede ser la relación con esa persona o alguien que represente algo similar en tu vida. Si al ver el ataúd te sientes mal, quizás tengas que superar una enfermedad.

— **Aves o pájaros**: necesidad de libertad para actuar. Si al ver pájaros sentimos molestias o en el sueño vienen hacia nosotros en bandada o a picarnos, simboliza habladurías o personas molestas a tu alrededor.

— **Avión**: puede indicar un viaje próximo. Si sientes miedo al viajar en avión, es que te cuestan asumir los cambios que se están dando en tu vida. Si el avión se estrella, debes ser cuidadoso en los proyectos que emprendas, pues puedes hacer malas gestiones que conlleven un fracaso estrepitoso.

— **Barrer**: necesidad de sacar algo de tu vida que te está haciendo daño, seas consciente o no.

— **Beber**: si al beber te atragantes, debes tomarte la vida con más calma y no desear que todo vaya tan rápido. Si al beber estas contento y celebrándolo con tus amigos o familiares, pronto se celebrará un acontecimiento o te darán una noticia feliz. Si bebes con calma y te sientes aliviado al hacerlo, es que por fin estás asumiendo un problema y podrás resolverlo.

— **Besos**: si te besan y te gusta, recibirás un premio o un regalo. Si rechazas un beso, es que quizás debas renunciar a algo para bien en tu vida. En general, cuando se reciben besos agradables y los das, simbolizará acontecimientos felices y alegrías en tu vida.

— **Cárcel**: si te ves dentro de ella, es necesaria tu paciencia para cambios en tu vida; necesitas un periodo de reflexión para valorar los errores de tu vida. Si te ves fuera de la cárcel, es que pronto te liberarás de un problema o de una persona perjudicial. Si sales de la cárcel, es que pronto darás la cara sobre algo que tenías escondido; esto te beneficiará.

— **Cartas o papeles**: si aparecen amontonados, representan trámites burocráticos que te agobian o te cuesta resolver; también que pueden tardar en resolverse. Si recibes una carta o aparece un papel que tienes necesidad de abrir en el sueño, obtendrás pronto una notificación sobre algo que estabas esperando.

— **Café**: necesidad de impulso en tu vida. Si te lo tomas solo en un bar o cafetería, es que estás demasiado desconectando de tu entorno y dedicando tu vida demasiado a proyectos personales, donde tu familia y amigos están ausentes. Si estás en casa y te haces un café tranquilamente, necesitas momentos de reflexión para ti, dedicarte tiempo, por ejemplo recuperando aficiones o momentos de soledad para estar tranquilo y meditar. Si compartes un café con otras personas, indica una necesidad de comunicar y ser oído.

— **Camino**: tendrás que elegir obligatoriamente entre varias opciones que te presentará tu vida de forma inminente. También te anima a ser más selectivo.

— **Campo**: simboliza la mujer y también tu parte más femenina. Si sueñas que estás trabajando en el campo, debes tener en cuenta sacar tu parte más sensible, cercana y cariñosa, estar pendiente e ir con cuidado en lo que estés desarrollando, sin dejar cosas al azar. Si simplemente sueñas que estás paseando por él o disfrutando con otras personas, indica alegrías, proyectos fértiles y relaciones satisfactorias.

— **Casa**: si estás dentro de ella y te sientes cómodo, simboliza un periodo de tu vida en el que te sientes seguro en casi todo lo que estás desarrollando. Si te cuesta entrar a una casa, es que algo en lo que estás involucrado no te ofrece seguridad, y no será un proyecto que aumente el bienestar en tu vida. También puede simbolizar problemas familiares por falta de entendimiento y discusiones. Si te cuesta llegar a una casa, es que ciertas partes de tu vida se te están haciendo cuesta arriba y debes pedir ayuda a tu gente más cercana, a la que más quieras y la que más te quiera. Se si quema una casa, es que desaparecerán viejos remordimientos, rencillas familiares, problemas con amigos o personas cercanas, etc.

— **Coche**: si vas en el conduciendo, eso significa que ahora mismo te sientes en un momento en que eres capaz de llevar las riendas de tu vida y llegar a donde tú quieras. Si ves un accidente de coches, es que alguien cercano a ti está sufriendo o tendrá un percance. Si eres tú el que te accidentas, debes tener cuidado con lo que estés desarrollando en estos momentos, pues si llevas demasiada prisa te saldrá mal. Si vas acompañando a otra persona en un coche, es que alguien cercano a ti (puede ser quien conduzca o alguien que te recuerde a esa persona) necesite tu apoyo en estos momentos.

— **Colores**: si en tu sueño hay un color que ha estado muy presente, lo recuerdas de forma intensa al despertarte, o ves un objeto que resalta especialmente por su color, también tiene su significado. Si solo es el color, limítate a ver su significado; sin son varios, analízalos en conjunto, igual que si el color o los colores estuvieran relacionados con un objeto, sentimiento o persona.

- Amarillo: inspira inteligencia e innovación. Simboliza la luz del sol, el gozo, la felicidad y la alegría. Te indica que tu memoria y creatividad estarán activas; esto traerá consigo disfrute y alegría.

- Amarillo pálido: representa preocupaciones, enfermedad, celos y envidia. Indica que debes tener cuidado en cómo te está afectando lo que te rodea, tus situaciones laborales y emocionales. Debes prestar atención a tu salud y al entorno que te rodea; quizás debes tomar la iniciativa para quitarte de alrededor todo aquello que te afecta.

- Arco iris: inspira felicidad. Simboliza la vitalidad y la alegría. En estos momentos puedes con todo y puedes lograr cualquier cosa que te propongas de verdad.
- Azul celeste: inspira sabiduría. Simboliza el cielo y los espíritus elevados. Tu búsqueda en estos momentos puede estar relacionada con una vida más espiritual, también un momento en el que estás con más imaginación y con más deseo hacia la pareja, pero de carácter sexual.
- Azul oscuro: inspira fidelidad y sinceridad. Simboliza la paz, la verdad y la responsabilidad. Puedes tener una mejora a nivel de estudios y trabajo, así como un periodo en el que tu mente este más tranquila, disfrutando de momentos de fuerza, empuje, equilibrio y calma.
- Blanco: es la unión de todos los colores, inspira y representa la pureza, la simplicidad, la espiritualidad, la elevación, clarividencia, salud, meditación, paz, todo lo que es sencillo y a la vez hermoso, todo lo bondadoso, la libertad... Te indica que pueden desaparecer opresiones y negatividades que tengas alrededor.
- Gris: inspira creatividad y simboliza el éxito, nos aporta estabilidad. Para conseguir todo esto necesitas un reciclaje y conectarte más con tu parte espiritual.
- Marrón: inspira fertilidad. Simboliza a la tierra. Estarás más fértil y vigoroso/a, no solo físicamente sino también mentalmente. Momentos muy opor-

tunos para atraer la riqueza material y mejoras laborales.

- Naranja: inspira armonía. Es un color que aporta mucha energía, por ser el color del fuego. Simboliza la adaptabilidad, la felicidad y la claridad mental. Gozarás de ayuda espiritual y de inmunidad.
- Negro: inspira misterio. Simboliza el silencio y representa la elegancia y el luto. Es necesario que limpies tu mente de aquellas cosas que no te hacen bien y que te torturan innecesariamente, apartarte de los miedos y mirar hacia el futuro con una mente clara, llena de inspiración e impulso. El secreto está dentro de ti, pero no lo ves porque está tapado por toda la basura incensaria que llena tu mente.
- Oro: inspira poder. Simboliza el éxito económico. Tendrás una mente estimulada, actuarás con inteligencia y sabrás innovar.
- Plata: Inspira armonía, fuerza y poder tanto material como espiritual. Momento de sanación en todos los aspectos.
- Púrpura o morado: inspira serenidad. Simboliza lo religioso y lo místico. Es igual que el color violeta, pero más atenuado. Son momentos en los que encontrarás solución para problemas relacionados con la mente y los nervios. Junto con estas soluciones obtendrás sabiduría, prestigio y elevación.
- Rojo: inspira amor, pasión y sexualidad. Simboliza la sangre y la energía física. Estarás más activo, receptivo y vigoroso a todos los niveles, pero debes tener cuidado con la impaciencia y la agresividad.

- Rosa: inspira ternura y fraternidad. Simboliza la armonía y el amor. Momentos de alegría y bienestar con aquellos que realmente amas. Estarás afectuoso/a y cercano/a.
- Verde: inspira vitalidad. Simboliza a la naturaleza y representa a la vida. Logros económicos y buena cosecha en tus proyectos y relaciones. Abundancia económica y éxitos profesionales, con equilibrio y armonía.
- Violeta: inspira verdad. Simboliza la conciencia de yo interno. Adquisición de poder espiritual, éxito y justicia rápida. Momentos para adquirir independencia o liberarte de culpas. También para que se te resuelvan problemas jurídicos o burocráticos.

— **Cruz**: te avisa de peligros y de la necesidad de protegerte. Pruebas que te pondrá la vida para superarte.

— **Cultivo, herramientas de labranza, agricultura**: indican que eres una persona muy creativa y que posiblemente te embarques en un proyecto muy productivo.

— **Cuna**: si estas moviendo o viendo la cuna de un niño que no es tuyo, el sueño te indica que debes preocuparte más por tus asuntos que por los de los demás. Si en el sueño ves que te están robando de la cuna a tu hijo o a un niño que consideras importante para ti, debes tener cuidado porque una persona cercana está prestando demasiada atención a tu vida y conspirará a tus espaldas para hacerte daño con sus palabras. Si meces la cuna de tu hijo, es que pronto obtendrás gratificaciones, sobre todo que llenarán tu corazón de alegría y amor.

— **Dinero:** ¿se te está cayendo? ¿Lo has perdido? ¿Lo estas ganando al realizar un trabajo? ¿Te lo regalan? El dinero representa los bienes materiales y la estabilidad. Normalmente, cuando sueñas que lo pierdes o se te cae es porque tienes un miedo inconsciente o consciente a que algo importante para ti se marche de tu vida, y también a perder algo que te atañe en tu economía. Si el dinero te lo regalan, algo material o un acontecimiento satisfactorio llegará a ti de forma imprevista pero merecida. Si el dinero lo obtienes trabajando, es que serás premiado o reconocido por un esfuerzo que hayas realizado.

— **E-mail:** si recibes un correo electrónico y en el sueño te encuentras cómodo, indica una comunicación que estabas esperando. Si estás preocupado esperando un e-mail o carta, te indica impaciencia y algo que debes resolver para que ese comunicado se dé. Si al recibir un e-mail lloras, estás triste o incómodo, hay algo que prefieres no saber o que no ocurra en tu vida.

— **Escalera:** si ves una escalera que te parece muy larga, como si no se terminara, simboliza que tienes poca seguridad en ti y temores que te hacen ver todo de forma negativa, creyendo que todo se desarrolla lento y poniendo mucho esfuerzo. Debes quitarte miedos y tener impulso para hacer las cosas; por mucho que te cueste arrancar, debes intentarlo antes de desanimarte. Si estás subiendo una escalera sin esfuerzo, conseguirás el respeto y serás digno de grandes éxitos. Si al subirla te sientes cansado, es que estás en un periodo de tu vida donde te cuesta mucho conseguir las cosas, necesitas un descanso y verlo todo desde otra perspectiva. Si la escalera se cae, bien porque se derrumbe o bien estando tu encima de ella, es que los proyectos o proyecto que has emprendido no tiene una buena base y puede estar destinado al fracaso si no pones remedio.

— **Estrellas**: simboliza a los hermanos. Si son brillantes y te acogen bajo un cielo en calma, la relación con tu entorno será más positiva y familiar, incluso se disiparán problemas familiares o amistosos. Si las estrellas se mueven y el cielo está gris o poco acogedor, preocupaciones o pesares pueden estar aproximándose a tu vida a o la vida de una persona a la que amas mucho o a la que te sientes muy unido.

— **Estrella fugaz**: un cambio un tanto brusco se aproxima a tu vida.

— **Flores**: si las recibes, alegrías. Si se marchitan, pérdidas inminentes. Si las regalas tú, necesidad de que seas más generoso con los demás, que te muestres como eres y ofrezcas lo más positivo que tengas.

— **Gato**: si te araña es que has hecho un daño, pero quizá no seas muy consciente. Debes pedir disculpas a tiempo. Si el gato te rodea y te cuesta caminar, aún te quedan algunas dificultades que pasar; trata de no hablar de tus proyectos y saldrán bien. Si lo tienes sentado encima de ti, estás protegido y puede venirte una suerte económica. Si tratas de cogerlo pero huye, el proyecto que estás desarrollando requiere más atención por tu parte, crees tenerlo muy seguro pero hay algo que puede ser negativo para ti.

— **Huevo:** periodo de fertilidad y de que cosas que estabas esperando realizar o que den sus frutos, ahora se darán. Si eres tú el que sale del huevo, te habla de que estás en un periodo de madurez muy positivo para tu vida.

— **Incesto:** has sido demasiado consentido en tu vida y deseas más de lo que con tus propios medios te estás ganado.

— **Jardín:** buenas relaciones; en tu entorno te aceptan y sueles tener buena comunicación con quien te rodea.

— **Justicia:** si en el sueño te ves involucrado en problemas de justicia, es que estás en momentos complicados de tu vida, donde no encuentras soluciones validas; debes valorar bien lo que tienes y lo que quieres para poder encontrar salidas. Si te ves sentado en un banquillo, es que alguien ha sido injusto contigo; apártate del camino de esa persona. Si te ves saliendo de un juzgado de manera tranquila, o si ganas un juicio, es que la verdad saldrá por fin a la luz y te beneficiará. Si apareces de espaldas a algo que representa para ti la justicia, es que tu verdad no será valorada y te pagarán de manera injusta.

— **Llave:** posibilidad de solucionar cualquier problema que tengas; en breve encontrarás la solución, pero anda de nuevo los pasos del asunto porque quizás la solución esté más próxima a ti de lo que crees. Si la llave entra en una cerradura y abre una puerta, es que nuevas oportunidades benéficas surgen en tu vida.

— **Libro:** si aparece abierto, estudios y aprendizaje fructíferos. Si el libro está cerrado, secretos que te afectan y debes desvelar.

— **Luna**: si vemos que se oscurece o eclipsa debes estar pendiente de tu salud física, pero sobre todo en lo que se refiere al interior del cuerpo o problemas psicológicos. También puede hablar de problemas que no se han resuelto con la madre. Cuando la luna brilla tanto que te deslumbra, debes tener cuidado, pues tienes un enemigo oculto.

— **Magia o trucos**: si ves haciendo a una persona o un grupo de personas algún conjuro o tipo de magia, es que temes que alguien o algo pueda dañarte, debes ser consciente de que te acecha un peligro, y protegerte con las herramientas adecuadas. Si un mago te hace un truco, no debes fiarte de alguien de tu entorno que lleva pretensiones de engañarte. Si tú o alguien de tu confianza está haciendo magia o un conjuro, y este sale favorablemente, es que pronto obtendrás una solución a tus problemas.

— **Marcos de fotos**: añoranza. Cosas realizadas en el pasado que te gustaría repetir. Si aparecen personas muy concretas, marca un deseo por ver a esa persona o a alguien con características similares.

— **Matar o ver que matan a alguien**: algo que te preocupa se resolverá rápidamente.

— **Mendicidad**: si eres tú el mendigo, es que estás atravesando un momento en que todo lo ves oscuro, pero tienes suficiente capacidad para superar cualquier problema. Si estás ayudando a un mendigo, te invita a que hagas un favor a una persona que lo necesita; esto a su vez será recompensado con creces en tu vida. Si en el sueño el mendigo eres tú y te ayudan o te dan de comer, te habla de lo mucho que te han prometido para nada; desiste de esos asuntos, porque no se llevarán a cabo las cosas que te han dicho que harían por ti o por tu negocio.

— **Mierda**: buena suerte y abundancia. Si al soñar mierda te sientes incómodo, es que no estás aceptando los regalos que te da la vida.

— **Monstruos u objetos monstruosos**: te habla de que las esperanzas que tienes en algo que te preocupa ahora son vanas. Debes plantearte bien el asunto de nuevo.

— **Montaña**: dificultades en tu camino, con posibilidad de superarlas con esfuerzo y ánimo. Si ves varias montañas juntas, quizás estás eligiendo un camino equivocado en tu vida.

— **Monumento**: si lo visitas y te sientes tranquilo mientras lo haces, es que tienes necesidad de viajar y conocer mundo, o quizá de relacionarte con personas de otros ámbitos distintos al tuyo. Si estás frente a un monumento y te parece muy grande, te habla de promesas que no se van a cumplir o que no han cumplido. También de un sentimiento de inferioridad. Si estás ayudando a construirlo, serás recompensado por tu trabajo o con un premio inesperado.

— **Muerte de un hermano**: un enemigo tuyo desaparecerá. Liberación de un problema.

— **Niños/as**: si juegas con ellos, vendrás novedades a tu vida. Si sueñas con un niño/a que está solo, triste o llorando, debes interesarte en cuidar traumas de tu infancia que no has superado. Si los tienes cerca de ti, o simplemente ves la escena de un niño o varios, puede simbolizar el deseo de tener hijos, o incluso que en un futuro seas padre/madre. Mi madre, por ejemplo, cuando soñaba tres veces seguidas con niños, es que alguien de la familia se quedaba embarazada (nunca falló y predijo el embarazo de todas las mujeres de mi familia).

— **Nubes**: enemigos próximos, gente en tu entorno de poco fiar. Situaciones que se pueden tornar conflictivas si no eres capaz de frenarlas a tiempo o salirte de ciertos asuntos.

— **Ordenador**: si estas trabajando con él y te sientes tranquilo, es que lo que estás proyectando se desarrollará adecuadamente, pero sin prisas. Si sueñas que rompes o tiras el ordenador, el estrés invade tu vida y necesitas un descanso para plantearte bien de nuevo las cosas. Si tratas de encenderlo y no funciona, es que algo que estás desarrollando en tu vida se va a ver truncado porque no se está ejecutando adecuadamente, y debes repasar todos los pasos que hayas dado. Si el ordenador parpadea, el desconcierto reina en tu vida y necesitas plantearte cambios.

— **Pan**: si te lo estás comiendo, no debes temer por tu economía porque al final los problemas se resolverán y no te faltará lo necesario. Si lo compartes con otros, es que eres un ser esplendido y que ofreces tu amistad, quizás con demasiada facilidad. Si te quitan el pan de la boca, es que debes decir la verdad antes de que esto te cause un problema. Si en el sueño te ves fabricando pan, es que tu éxito depende exclusivamente de ti, con trabajo y esfuerzo puedes conseguirlo.

— **Pasteles o dulces**: momentos de éxito y felicidad. Próximos festejos o celebraciones. Cariño y amor de los más cercanos.

— **Patinete**: si vas subido en él y corres sin importarte el entorno, te habla de que tienes una necesidad de liberarte y tomarte la vida con más tranquilidad, apreciando adecuadamente lo que tienes en tu entorno. Si al intentar subirte te caes o te da miedo intentarlo, es que te cuesta afrontar los retos que la vida te está poniendo en estos momentos. Si paseas plácidamente en el, es que podrás disfrutar con alegría y satisfacción de los logros que estás consiguiendo o en breve conseguirás.

— **Peces**: un asunto que estas desarrollando ahora requiere paciencia y espera. También te indica que debes estar tranquilo por aquello que deseas, pues te llegará, pero lentamente. Muchos peces juntos moviéndose rápido indica que recogerás frutos pronto.

— **Perro**: personas en las que puedes confiar y son fieles incluso llegando a prestarte su amistad.

— **Queso**: si lo estás comiendo y te resulta agradable, es que sabrás tener paciencia para conseguir las cosas. Si te lo quitan de la boca o se lo comen antes que tú, debes valorar en tu vida quién te está haciendo realmente bien, pues hay demasiadas personas que se aprovechan de ti.

— **Ratones o ratas**: pérdidas o robos.

— **Regalos**: si el regalo te lo hacen a ti, es que vas a recibir un reconocimiento por el cual debes mostrarte agradecido. Si el regalo lo haces tú, es que algo que es importante para ti debe pasar a manos de otra persona que lo necesita más. Si desprecias un regalo, es que no estás aceptando ayudas en tu vida y en estos momentos son necesarias.

— **Reloj**: si está parado, es que puedes estar atravesando un periodo de crisis o de enfermedad que no te deja evolucionar en tu vida y tus asuntos. Si el reloj se mueve rápidamente, te indica que debes tomarte las cosas con más calma, pues esto puede ocasionarte un daño que paralice tu vida. Si miramos un reloj de pulsera, es que estamos impacientes porque llegue algo que aún necesita un tiempo hasta que se dé.

— **Semillas**: simboliza al hijo, pero también las ganancias y los frutos positivos que puedes recoger en breve sobre algo que hayas desarrollado o esté en desarrollo.

— **Serpiente**: si en tu vida padeces alguna enfermedad o estás en un tránsito complicado, tu sueño de habla de sanación y renovación. Si al ver la serpiente en tu sueño esta te pica, debes estar atento porque un enemigo está haciendo cosas en contra a tu espalda; pronto descubrirás quién es y qué esta haciendo; puede ser incluso alguien que sea cercano y amigo.

— **Sol**: simboliza al padre, y dependiendo de nuestra relación con él, si el sol está brillante y te acoge puede indicarte apoyo incondicional y amor de la figura paterna, pero si ves que se oscurece o que te resulta incómodo estar cerca de él, hay conflictos con tu padre que debes resolver, pues te están afectando habitualmente en tu vida. Por otro lado, saliéndonos de la figura del padre, si te deslumbra tienes que tener cuidado con tu ego y con creerte demasiado lo que no eres, pues esto te puede causar problemas con tu entorno, ya sea laboral, familiar, etc. Si estás debajo del sol y te sientes a gusto y arropado por su calor, no te faltará confianza en ti mismo y el apoyo de la gente a la que quieres o con la que colaboras.

— **Teléfono**: si escribimos un mensaje en vez de llamar, es porque te cuesta comunicar algo de forma abierta o directa. Si recibes una llamada y en el sueño te asombra, es que recibirás una comunicación inesperada pero positiva; si al recibir la llamada estás contento es porque algo que en estos momentos se está desarrollando en tu vida atraerá la felicidad. Si estás esperando una llamada o un mensaje urgente y no llega, es porque un proyecto o relación en la que estás no durará mucho y debes alejarte de ello. Si eres tú quien llamas, indica la necesidad inminente de comunicar algo importante que te estás guardando y que será importante, ya sea para una persona en concreto o en general.

— **Torre**: necesidad de éxito y reconocimiento. Si en un sueño logras subirla, alcanzarás un logro que deseas. Si la torre está destruida, es que te sientes solo y triste por algún asunto que no has logrado culminar.

— **Tesoro**: si te lo encuentras por sorpresa, es que pronto obtendrás un reconocimiento por parte de aquellos que te importan de verdad. Si en el sueño lo buscas y por fin lo encuentras, es que aunque te cueste llegar al éxito no debes cejar en tu empeño, porque lo conseguirás con seguridad. Si en el sueño lo pierdes, es que te vienen gastos inesperados o un negocio que parecía bueno; no lo es tanto y te traerá más problemas que beneficios.

— **Uniforme:** ver vestido a alguien con uniforme nos indica que necesitamos orden en nuestra vida. Si eres tú el que llevas el uniforme, debes exigirte menos en este periodo de tu vida. Si alguien con uniforme te da órdenes, es que estás en un periodo de tu vida en el que escuchas pocos consejos, que en alguna ocasión te sería necesario atender.

— **Valla:** si está delante de ti y no puedes atravesarla, es que estás sufriendo bloqueos en tu vida de manera inesperada. Si tocas la valla y está electrocutada o te pincha, es que correrán rumores sobre ti de los que te vas a enterar, pero sacarás provecho. Si saltas la valla, es que sabrás poner freno a la gente que quiere hacerte daño o habla mal de ti, y podrás sobrepasar cualquier dificultad que te acucie en estos momentos.

— **Zapato:** si están sucios o estropeados es que te sientes culpable por algo. Si caminas sin zapatos es que estás aguantando situaciones injustas. Si los zapatos te están pequeños, es que estas viviendo una situación incómoda de la que deseas deshacerte. Si caminas cómodamente con tus zapatos, es que eres capaz de llegar lejos en lo que te propongas, consiguiendo éxito y solidez en tu vida. Si estás anudándote los cordones, es que pronto sabrás salir de un conflicto de tu vida; si, por el contrario, caminas con los cordones desatados o te cuesta hacer el nudo, es que te agobian demasiado las cosas, pero no tomas cartas en el asunto para resolverlas, pensando en que los demás te ayudarán.

Bibliografía

— *Las maquinaciones de la noche.* Raymond de Becker.

— *Cómo interpretar los sueños.* Raymond de Becker.

— *Sueño y sexualidad.* Raymond de Becker.

— *La interpretación de los sueños.* Artemidoro de Éfeso.

— *La imaginación simbólica.* Gilbert Durand.

— *La interpretación de los sueños.* Sigmund Freud.

— *El sueño y la fenomenología onírica en Aristóteles.* Emilio Suarez de la Torre.

— *El libro de los sueños de Sinesio de Cirene.* Sofía Torallas Tovar.

— http://aps.isss.gob.sv/profesional/publicaciones/Trastornos%20del%20sueño

— http://blogs.lainformacion.com/zoomboomcrash/2010/12/22/la-medium-que-se-creia-lo-que-decia/

— *Wikipedia*

— *Jung.* La sabiduría de los sueños. TVE2.

— *Del sueño y de la vigilia.* Aristóteles.

— https://realidadtrascendental.wordpress.com/2016/03/25/el-comite-de-sueno-un-estudio-sobre-la-incubacion-de-suenos-para-solucionar-problemas/

— http://scielo.isciii.es/scielo.php?script=sci_arttext&pid=S2014-98322016000500002

— *Le Palais du Prince du Sommeil.* Célestin de Mirbel.

— https://atlascultural.com/historia/suenos-civilizaciones-antiguas-ii

— *Aproximación al sentido de los sueños.* Carlos Calvo Gómez.

— *Traité d'hygiène d'Hippocrate.*

LA ORDEN DE AYALA
ESCUELA ESOTÉRICA
WWW.LAORDENDEAYALA.COM

Patrocinio

La escuela esotérica y de terapias alternativas nace por la demanda de muchas personas que se han acercado a nosotros durante los más de doce años que llevamos abiertos, con la intención de obtener conocimiento serio y profesional sobre las diferentes temáticas que tratamos habitualmente desde nuestros establecimientos.

La **Orden de Ayala** de una manera más fácil y cercana quiere ofrecer conocimientos a todo aquel que desee recibirlos en una escuela dedicada casi en su totalidad a impartir clases, talleres, master class, cursos etc., no solamente en nuestros centros, sino también en nuestro campus virtual. Además, abre sus puertas a presentaciones de libros, y exposiciones entre otras actividades. Un espacio abierto que nos mostrará poco a poco conocimientos y saberes de todo el mundo.

Web: **www.laordendeayala.com**

Tlfno: **918 320 023 / 914 501 824**

Móvil: **600 796 447**

Autores para la formación

C❂nferencias
EDITATUM

Editatum y **GuíaBurros** te acercan a tus autores favoritos para ofrecerte el servicio de formación GuíaBurros.

Charlas, conferencias y cursos muy prácticos para eventos y formaciones de tu organización.

Autores de referencia, con buena capacidad de comunicación, sentido del humor y destreza para sorprender al auditorio con prácticos análisis, consejos y enfoques que saben imprimir en cada una de sus ponencias.

Conferencias, charlas y cursos que representan un entretenido proceso de aprendizaje vinculado a las más variadas temáticas y disciplinas, destinadas a satisfacer cualquier inquietud por aprender.

Consulta nuestra amplia propuesta en **www.editatumconferencias.com** y organiza eventos de interés para tus asistentes con los mejores profesionales de cada materia.

EDITATUM

Libros para crecer

www.editatum.com

Nuestras colecciones

Guías para todos aquellos que deseen ampliar sus conocimientos sobre asuntos específicos, grandes personajes, épocas, culturas, religiones, etc., ofreciendo al lector una amplia y rica visión de cada una de las temáticas, accesibles a todos los lectores.

Guías para gestionar con éxito un negocio, vender un producto, servicio o causa o emprender. Pautas para dirigir un equipo de trabajo, crear una campaña de marketing o ejercer un estilo adecuado de liderazgo, etc.

Guías para optimizar la tecnología, aprender a escribir un blog de calidad, sacarle el máximo partido a tu móvil. Orientaciones para un buen posicionamiento SEO, para cautivar desde Facebook, Twitter, Instagram, etc.

Guías para crecer. Cómo crear un blog de calidad, conseguir un ascenso o desarrollar tus habilidades de comunicación. Herramientas para mantenerte motivado, enseñarte a decir NO o descubrirte las claves del éxito, etc.

Guías prácticas dirigidas a la salud y el bienestar. Cómo gestionar mejor tu tiempo, aprenderás a desconectar o adelgazar comiendo en la oficina. Estrategias para mantenerte joven, ofrecer tu mejor imagen y preservar tu salud física y mental, etc.

Guías prácticas para la vida doméstica. Consejos para evitar el cyberbulling, crear un huerto urbano o gestionar tus emociones. Orientaciones para decorar reciclando, cocinar para eventos o mantener entretenido a tu hijo, etc.

Guías prácticas dirigidas a todas aquellas actividades que no son trabajo ni tareas domésticas esenciales. Juegos, viajes, en definitiva, hobbies que nos hacen disfrutar de nuestro tiempo libre.

Guías para aprender o perfeccionar nuestra técnica en deportes o actividades físicas escritas por los mejores profesionales de la forma más instructiva y sencilla posible,

La magia del Tarot

Conocimiento y Saber

guía
burros

La magia del
Tarot

22 llaves de transformación

Brighid de Fez

GuíaBurros La magia del Tarot es una guía
básica para entender esta práctica.

+INFO

http://www.lamagiadeltarot.guiaburros.es

www.ingramcontent.com/pod-product-compliance
Lightning Source LLC
Chambersburg PA
CBHW021008090426
42738CB00007B/704